Le Crabe et l'Agneau

Manu Cornet

Merci à mon éditrice, Geneviève Jurgensen, ainsi qu'à Daniel Brasnu,
Philipp Sahrmann, Martin Housset et Éric Lévy.

ISBN 978-0-9885238-2-1

À tous ceux qui ont eu moins de chance que moi.

Apéritif

C'était mon premier enterrement, et je me suis trompé sur le sens du corps dans son cercueil.

Si j'avais été croque-mort ou fossoyeur, les conséquences de cette méprise auraient été fâcheuses. Heureusement, j'étais un simple spectateur de la cérémonie religieuse, et je ne commis qu'une erreur au figuré : en m'efforçant d'imaginer le cadavre dans cette grande boîte en bois, je me le représentai *à l'envers.*

Après tout, et malgré ma misérable culture religieuse, il m'aurait semblé logique que le corps eût les pieds tournés vers la porte de l'église et la tête vers l'autel, comme Jésus sur cette croix dont le plan des églises reprend la forme. Raté, c'est l'inverse. Les enterrements catholiques sont conçus pour que le disparu soit face, non à ses proches, mais au prêtre ; face à l'éternité de la mort. Je m'en suis rendu compte à la fin, lorsqu'on a emporté le cercueil vers la porte. C'était trop tard. Comme sur un tournage de cinéma, j'aurais aimé qu'on « en refasse une » pour remettre mes souvenirs à l'endroit.

Le défunt n'était ni un arrière-grand-parent, ni un grand-oncle ou un ancêtre croisé quelques fois lors d'une fête familiale annuelle ; c'était mon cousin Stéphane, mort à dix-neuf ans d'un cancer des os.

Je n'ai pas pleuré. Quel est cet être bizarre qui ne pleure pas à l'enterrement d'un si jeune homme ? Sans doute la surprise était-elle encore trop grande pour que je me rende compte de quoi que ce soit. J'y avais pourtant été préparé lorsque, deux ans plus tôt, ma mère m'avait annoncé d'un air qui laissait peu de place à l'espoir : « Stéphane a un cancer des os, et il a déjà des métastases aux poumons ». Le plus terrible dans cette phrase n'est pas « cancer » ou « métastases », mais « déjà ». Sur quoi ce « déjà » pouvait-il anticiper, si ce n'est sur la mort ? J'ignore si les apprentis médecins reçoivent pendant leur cursus un enseignement sur « annoncer une maladie grave », mais je n'ose imaginer l'effet d'un tel « déjà » sur le patient.

L'enterrement eut lieu un matin de juin ensoleillé, bercé par une chaleur douce qu'un petit vent tempérait délicieusement. Le temps idéal. La Place Jeanne d'Arc, devant l'église Sainte-Jeanne-d'Arc à Paris, était quasiment déserte, et je n'ai pas pleuré. Peut-on la refaire, s'il vous plaît ?

Le fascicule imprimé pour l'occasion comportait sur sa première page deux photos de Stéphane. La première, petit garçon ; la seconde, adolescent. Comme si l'on avait voulu montrer que, même en si peu d'années, il avait vécu, évolué, rempli un peu d'espace sur Terre. Pour un centenaire une seule photo, celle d'un visage ridé et serein, y aurait suffit. Pour mon cousin il fallait se donner un peu plus de mal.

En dessous de son nom, au bas de la première page, ses dates désormais immuables : « 1987 – 2006 ». Stéphane n'irait pas plus loin. À l'intérieur, imprimées entre deux couplets religieux, quelques phrases que les membres de la famille viendraient scander, debout derrière l'autel – une phrase chacun.

Juste avant le début de la cérémonie, assis sur ma chaise, je me plongeai ainsi dans la contemplation des deux photos de Stéphane et de ses dates, encore dans une phase de violente incompréhension face à ce premier contact rapproché avec la mort. Il était parti, la lutte était terminée et les restes de cette lutte se trouvaient à quelques pas de moi, pudiquement cachés par un peu de bois. Je demeurais perplexe, posant un regard vide sur les photos en noir et blanc, comme un homme hébété par trois litres de vin rouge qui tenterait de comprendre une phrase avec trop de propositions subordonnées relatives.

La tante de Stéphane interrompit cette contemplation pseudo-alcoolique :

— Voudrais-tu venir prononcer l'une de ces phrases pendant la cérémonie ?

Elle tourna quelques pages de mon fascicule et me montra les paragraphes perdus entre les chansons religieuses.

— Bien sûr. Laquelle ?

— Celle-ci.

Je lus ma phrase : « Prions pour que le Seigneur aide Marc, son petit frère, à continuer le chemin de la vie. » Étant moi-même le cadet de deux frères, je fus séduit par le parallélisme dans cet appel d'espoir à Marc.

Je refusai.

Quel est ce monstre qui refuse de lire quelques lignes pour l'enterrement de son cousin ? Que Marc trouve la force de résister à ce drame, et ait la meilleure vie possible, je le souhaitais évidemment, de tout mon cœur. Mais Dieu n'avait rien à faire là-dedans, celui-ci ou un autre. Prononcer une parole à laquelle je ne croyais pas aurait été, en somme, un mensonge en guise d'au revoir à Stéphane. J'aurais pu demander à modifier le texte, mais l'heure n'était pas aux biffures, surtout sur le mot « Seigneur », alors que l'on se trouvait dans sa maison. Je refusai.

Au lieu de cela, mon adieu fut gestuel. Les membres de la famille furent invités à poser une petite bougie sur le cercueil. Mon tour venu, je plaçai donc ma bougie avec toutes les autres, au-dessus de ce que je croyais être les pieds de mon cousin. Quelques bougies sur ses orteils ne le dérangeraient pas trop, pensai-je. Je voyais toujours Stéphane comme simplement endormi dans une grosse boîte en bois, face à nous, quelques lueurs posées négligemment à ses pieds. Erreur : il s'agissait du haut du cercueil, et la cire en flammes était juste au-dessus du visage du défunt, face à l'éternité.

Il est fascinant d'observer les similarités de comportement entre tous les êtres vivants dès lors qu'ils sont persuadés de l'imminence de leur propre fin. La gazelle gracile qu'un énorme lion parvient à immobiliser dans sa gueule se débat d'abord comme une folle et agite frénétiquement toutes les parties de son corps laissées libres par la prise du prédateur. Puis, progressivement, arrive l'instant où, abrutie par la douleur et consciente que tous ses efforts ne changeront rien à son sort, elle s'avoue vaincue devant cet adversaire dix fois plus puissant, renonce à tout mouvement et s'abandonne à la mort.

Cette transition entre la révolte et la résignation devant l'inexorable s'observe également chez les humains atteints d'une maladie incurable, comme l'était Stéphane. On se rebelle, on se débat, on lutte autant qu'on peut et puis, las, on se résigne au fait qu'il va bien falloir mourir. Le renoncement s'accompagne parfois d'un recours à la religion pour retrouver le peu d'espoir que la vie a confisqué. C'est ainsi que le prêtre chargé de la cérémonie religieuse a avoué sa surprise d'avoir vu Stéphane revenir vers lui pour la première fois depuis ses leçons d'éducation catholique, dix ans plus tôt. Stéphane se déclarait vaincu. Le christianisme était son drapeau blanc.

La litanie religieuse continua :

Trouver dans ma vie ta présence
Tenir une lampe allumée
Choisir avec toi la confiance
Aimer et se savoir aimé

Comment se fait-il que des vers aussi exécrables se soient suffisamment propagés pour être chantés presque à chaque enterrement catholique ? N'a-t-on donc pas trouvé mieux (et non moins pieux) dans toute l'histoire de la littérature française ?

Si un jour sur ta route
Tu croises le méchant
Ne sois pas dans le doute
Dieu prend soin de son enfant

J'échangerais sans réfléchir vingt mille pages de cette guimauve contre un sonnet de Hugo ou même un paragraphe de Saint-Augustin. Bon, disons trois paragraphes de Saint-Augustin.

Il n'a pas dit que tu coulerais
Il n'a pas dit que tu sombrerais
Il a dit : allons de l'autre bord

Un à un se succédaient quelques échantillons de cette mystérieuse force réconfortante que le christianisme exerce sur ses adeptes. On ne sait pas trop ni pourquoi ni par qui, mais on se sent rassuré. Les discours d'église me font penser, chaque fois que je suis contraint de les écouter (car jamais ne me viendrait l'idée saugrenue de le faire de mon plein gré), à un aveugle qui tenterait de décrire à un autre aveugle la beauté du paysage qui s'étend à leurs pieds.

Le dernier interlude musical donna l'occasion à un ami de Stéphane de jouer une chanson de sa composition qu'il avait intitulée *Breathe*, peut-être par pure faute de goût, ou peut-être parce qu'il ignorait que Stéphane, comme la plupart des malades atteints d'une tumeur aux poumons, était mort étouffé.

La cérémonie se termina, le cercueil partit dans un gros corbillard noir ; personne n'en « refit une » et je restai seul avec mon visage sec et mon dernier souvenir de Stéphane gravé dans le marbre à l'envers.

Comme beaucoup d'écoliers et d'étudiants, je n'avais jamais beaucoup aimé les lundis matin. Jusqu'à mon premier emploi d'ingénieur. Un travail de rêve, pour lequel j'avais accepté de déménager à Zurich, en Suisse, après vingt-six ans de vie à Paris ; un boulot tellement parfait qu'il laissait d'ailleurs bien peu de marge de progression pour l'avenir. Après un mois de travail, j'étais réconcilié avec les lundis matin.

Cette trêve ne dura pas longtemps. Le lundi suivant, vers neuf heures, lors d'un rendez-vous de routine dans un cabinet dentaire, un dentiste suisse allemand prénommé Philipp m'annonça dans un anglais laborieux et pointu :

— Vous savez, cette petite plaie sur le côté droit de votre langue qui ne guérit pas, je voudrais vous proposer d'en faire une biopsie. On ne peut pas écarter l'éventualité d'un cancer et il faut en avoir le cœur net.

Bien entendu j'acceptai, et le prélèvement fut réalisé, avec résultats prévus huit jours plus tard.

La semaine qui suivit fut propice à l'imagination morbide. Comment ne pas faire le rapprochement avec Stéphane, mort un an plus tôt ?

Julie cherchait à rassurer ma mine inquiète (taux de survie moyen des cancers de la langue : vingt-cinq pour cent) du mieux qu'elle pouvait.

— Tu sais, à ton âge, c'est quasiment impossible, c'est sûrement une petite infection chronique ou quelque chose de ce genre.

Le lundi suivant, elle m'accompagna pour le rendez-vous fatidique. Philipp nous fit entrer dans la salle de consultation, ferma la porte et nous laissa nous asseoir avant de nous asséner :

— Ce ne sont pas de bonnes nouvelles.

Le rapport de la biopsie était éloquent. Du moins c'est ce que je devinai, puisqu'il était rédigé en allemand et que je n'en compris donc pas un traître mot.

« Gering differenziertes, verhornendes Plattenepithelkarzinom in Schleimhautbiopsien vom Zungengrund rechts am Übergang zum Mundboden. »

Le terme « *epithelkarzinom* » ne me dit rien qui vaille, un « carcinome » étant un type de tumeur cancéreuse.

Aïe. Une biopsie positive, passe encore. Mais une biopsie positive *en allemand*, c'en fut trop pour moi. Allongé sur le long fauteuil de dentiste, je fus pris de sueurs froides et voulus vomir dans le petit lavabo qui sert d'habitude à se rincer la bouche, oubliant que j'étais à jeun depuis la veille ; rien ne sortit.

Je pris simplement une gorgée d'eau pendant que Philipp me proposait un rendez-vous immédiat dans un hôpital voisin.

Quelques mois plus tard, j'apprendrais qu'une de mes anciennes collègues d'un laboratoire de recherche s'était sue atteinte d'une leucémie (cancer du sang) peu après l'annonce de ma propre maladie. Au vu des premiers symptômes, on l'avait d'abord crue atteinte d'un mal génétique rare qui ne lui donnait plus que quelques années à vivre. La leucémie, en revanche, se traite plutôt bien (dans sa forme la plus courante) et souvent sans séquelle. Qu'on se le dise : l'annonce d'un cancer peut parfois être une excellente nouvelle.

Il fallut donc d'urgence que je me désintéressasse des affaires courantes pour me concentrer sur la résolution de ce dysfonctionnement corporel pour le moins malcommode. J'avais entendu plusieurs fois ce trait d'humour noir selon lequel « la seule chose pire que le cancer, c'est le traitement contre le cancer ». Toutefois, un cancer non traité étant à peu près certain d'être fatal, il ne me restait qu'à choisir le lieu du massacre : allais-je suivre un traitement en France ou en Suisse allemande ? À la charnière entre études en France et vie active en Suisse, j'avais la chance de pouvoir être pris en charge par l'un ou l'autre système de santé.

La différence entre les propositions de traitement dans ces deux régions de l'Europe fut emblématique des différences entre modes de pensée.

En France, modération et surtout pas de précipitation :

— Une tumeur de la langue ? Asseyons-nous, réfléchissons au meilleur plan d'attaque, discutons dans des « réunions interdisciplinaires ».

En Suisse allemande :

— Epithelkarzinom ? La langue ? On coupe !

— Euh... Quid des oncologues, chimiothérapie, réunions ?

— Que nenni, allez hop ! Chez le chirurgien et que ça tranche !

Une demi-heure après le diagnostic chez le dentiste, j'étais dans le bureau d'un artiste du scalpel, et rendez-vous fut pris pour l'opération chirurgicale deux semaines plus tard.

Malgré cette relative précipitation, j'appréciai à leur juste valeur les précisions que l'assistante chirurgienne suisse eut la sollicitude de me fournir, ce même lundi matin.

— On vous fera sans doute une légère chimiothérapie après l'opération, mais rassurez-vous, cela ne vous fera pas perdre vos cheveux.

Puis, d'un air d'évidence :

— En revanche, on vous coupera les deux tiers de la langue, et vous respirerez pendant une semaine par une ouverture pratiquée dans votre cou.

Elle s'excusait d'une pichenette pour mieux m'écraser la tête à coup d'enclume. Je répondis poliment que, pour le moment, mes cheveux me préoccupaient moins que ma survie, merci beaucoup.

En entendant le nombre « deux tiers », Julie, qui était restée à mes côtés, fondit en larmes. Cela m'affecta infiniment plus que tous ces termes médicaux auxquels je n'attribuais encore que peu de sens. J'étais prêt à en voir de toutes les couleurs pour remettre les choses en ordre, mais j'avais peine à accepter qu'elle aussi doive en souffrir.

Le chirurgien, qui ne rencontrait sans doute pas tous les jours ce genre de cas chez des patients si jeunes, fit venir immédiatement quelques-uns de ses étudiants. On aurait tout aussi bien pu m'apporter l'instrument qui allait sectionner ma langue et me faire une démonstration sur un steak cru bien saignant, cela n'aurait pas eu beaucoup moins d'effet. Ils m'examinèrent l'un après l'autre, bouche ouverte (la mienne un peu plus grand que la leur). Le dernier à sortir de la pièce me lança un :

— *Good luck.*

J'étais passé en une heure et demie de l'état d'individu à peu près normal à celui de cancéreux, puis à celui d'animal de cirque promis à l'abattoir.

Mais encore fallait-il savoir quels morceaux trancher. Pour cela, je devais passer quelques jours plus tard par la case imagerie (magnétique, et « tomographique par émission de positrons », si, si). Première bifurcation avec le cas de Stéphane, il s'avéra heureusement que la tumeur était restée très localisée, affectant seulement la langue et quelques ganglions du cou. J'obtins au passage une nouvelle preuve des différences entre la rigueur germanique et la modération française : les laboratoires suisses vous laissent repartir avec de grandes planches d'images de votre corps en coupe sous toutes les coutures, tandis que les Français les réservent pour les médecins. Cachons ce sein que vous ne sauriez voir, on se chargera de vous expliquer avec des mots simples ce que vos viscères nous ont confessé sur la table lumineuse.

Mon choix se porta finalement sur Paris, et j'annulai mon rendez-vous avec les scalpels helvètes. Retour chez papa et maman. Insultez-moi, j'ai agrandi le « trou de la sécu ». Le traitement ne serait peut-être pas fondamentalement différent et on me ferait sans doute subir le même genre de misères, mais l'environnement était plus familier. Et puis on avait la délicatesse de ne pas m'exhiber sur la place publique après m'avoir expliqué en détail comment on allait me charcuter.

Vaut-il mieux tout savoir immédiatement, ou laisser planer un peu d'incertitude ? On se laisse souvent dire que le sentiment de doute est insoutenable et qu'il vaut mieux que les choses soient claires le plus tôt possible. Cependant, serait-il envisageable de supporter l'idée de sa propre mort sans ce doute sur le jour et l'heure exacts où elle surviendra ? Je connus le meilleur des deux mondes : un peu de certitude grâce aux médecins suisses qui m'avaient donné une bonne idée générale du traitement pratiqué de nos jours pour cette maladie, dans les pays développés, et un soupçon de doute en France sur les différences d'interprétations entre les deux pays.

Zurich est une ville pointue. Je crois même que c'est à mes yeux la plus pointue du monde. Tout m'y a donné une impression de précision et d'aiguisement. On n'y trouve aucun de ces « à peu près » ou de ces « on verra bien » qui donnent à la vie quelques coins arrondis et la rendent plus savoureuse.

Premier signe : les transports en commun ne sont jamais en retard ne serait-ce que d'une minute, au point que pour être absolument certain d'arriver à l'heure à un rendez-vous important, il est largement plus sûr de prendre le tramway que le taxi. Et puis qui a besoin de ces panneaux digitaux, parfois placés bien en vue des voyageurs, qui suivent en temps réel l'arrivée du prochain véhicule ? Les horaires sont imprimés noir sur blanc un an à l'avance, affichés à chaque station, et ils ne se trompent jamais d'une minute. De même, les tramways s'arrêtent toujours exactement en face des lignes blanches tracées sur le trottoir, à dix centimètres près.

— Cependant monsieur, vous voyez ici, les voitures et les tramways circulent sur la même voie. Qu'arrive-t-il en cas d'embouteillage ? Les tramways ne prennent-ils pas du retard sur leur horaire imprimé ?

— Il n'y a pas d'embouteillages.

— Mais si d'aventure il y en avait, peut-on envisager par exemple que, bloqué par les voitures cinq mètres en amont du marquage au sol, un tramway puisse néanmoins ouvrir ses portes pour faire descendre et monter les voyageurs ?

— S'arrêter en dehors de la station ? Vous n'y pensez pas.

— Pourtant, si jamais...

— Non.

Pas d'approximation, rien de travers, surtout sur la voie
publique. Les rares cafés avec terrasse gardent leurs chaises
bien alignées en rangées rigoureuses et implacables, là où les
sièges parisiens se laissent volontiers gagner par un joyeux
désordre. Même les arbres ont l'air de comprendre qu'on n'attend d'eux pas moins que la rectitude absolue, sous peine de
sévères représailles.

Cette philosophie du tout-affûté se propage jusque dans
le domaine linguistique, où les Suisses allemands prennent
un malin plaisir à utiliser un maximum de lettres pointues en
toute occasion. Au point par exemple de gâcher l'un des plus
jolis endroits de Zurich avec le nom-guillotine de Bürkliplatz,
ou de donner aux patients d'un cabinet de dentistes (celui
dont j'ai déjà parlé) une petite idée de ce qui les attend avec
le nom-scalpel de Zürich Zahnärzte Zentrum.

L'allemand (ou le « haut allemand » comme les Suisses
l'appellent), même s'il est d'un abord un peu agressif, peut
être une langue très douce. Il suffit pour s'en convaincre
d'écouter une jolie Allemande vous lire quelques passages de
la main de Kant, Freud, Planck, Zweig, Mozart ou même
Popper. Une vraie petite baignade dans de la soie.

On ne pourrait pas en dire autant du suisse allemand,
parlé – entre autres – par les Zurichois. Le dialecte est encore
plus pointu que sa ville principale. Comment pourrait-il en
être autrement d'une langue qui se désigne elle-même par le
doux nom de Schwiizerdüütsch ? Le suisse allemand, comme
beaucoup de dialectes, ne s'écrit pas, peut-être parce qu'il
aurait fallu, pour transcrire toute la mesure de sa musique
acérée, inventer des lettres plus coupantes que le K, le T et
le Z.

Le suisse allemand, c'est un peu comme l'allemand tel que
le parlerait cette tante râblée qui vous dépasse de deux têtes

en hauteur comme en largeur.

Évidemment, c'est facile de se moquer, entre gens qui parlent la même langue. Ils ne sont pas comme nous ! Quel curieux baragouinage ! Cela n'empêche pas Zurich d'arriver dans le peloton de tête, parmi toutes les villes du monde, en matière de qualité de vie. L'absence d'à peu près a d'heureuses conséquences sur l'air, l'eau ou l'alimentation. Toutefois, je crois bien que je préférerais mourir jeune à Paris plutôt que de vivre vieux à Zurich.

Ce paysage lacustre entouré de montagnes est également une aubaine pour les amoureux de la nature. Mais dans une ville remplie de banques, il ne faut pas s'attendre à une exaltante vie nocturne, ni même vespérale (la seule rue animée après vingt heures l'est surtout par des prostituées). Il ne faut pas non plus s'attendre à une activité culturelle abondante, ce dont je doute que les classements sur la qualité de vie prennent en compte.

Quelques semaines à Zurich me permirent d'expliquer le très faible taux de chômage en Suisse allemande : si le travail ne vous retient pas là, pourquoi diable y rester ? En somme, pour paraphraser Guitry : ce n'est pas vilain Zurich, mais Zurich pendant deux ans c'est trop ; et qu'on ne vienne pas me dire qu'on peut mourir d'ennui : si on pouvait mourir d'ennui, je serais mort à Zurich.

Idéale pour prendre sa retraite (si on aime les saucisses), mortelle pour un trentenaire qui aspire à une vie après le boulot.

Depuis cette expérience cancéreuse je vois – comment éviter cette représentation puérile – Zurich comme la ville méchante-pas-belle-coupante qui m'a rendu malade, et Paris comme la gentille qui m'a soigné. C'est idiot, mais c'est ainsi : ce que le Z a incisé de sa longue barre oblique et piqué de ses ambages pointus, le P guérit avec sa boucle rassurante et maternelle.

Dans les années 1980 on entendait encore l'expression « il est mort *du* cancer ». Aujourd'hui on préfère « il est mort *d'un* cancer ». L'indéfinition de l'article me semble constituer un signe concret de la banalisation de cette maladie, contrairement par exemple au SIDA dont on ne sait encore que retarder les effets.

Le vocabulaire médical, pourtant, ne semble jamais admettre qu'un ancien malade du cancer puisse être « guéri » : on dit qu'il est en « rémission ». Autrement dit, ce n'est rien de plus qu'un mort en sursis. Avec ce seul mot on lui refuse catégoriquement le droit de considérer sa maladie comme définitivement révolue. Le crabe guette, les pinces ouvertes. Le simple vocable de « cancéreux » suffit à donner la nausée, en évoquant des relents d'assonance évoquant « lépreux », « tuberculeux », « ulcéreux ». Beurk.

Dans un film chinois de Feng Xiaogang intitulé « Da Wan », un réalisateur de cinéma survit à une crise cardiaque. Ses jeunes collaborateurs se voient déjà prendre sa suite en affirmant qu'« il va mourir » et que « ce n'est qu'une question de temps », ce à quoi une femme proche du réalisateur réplique : « vous aussi, vous allez mourir, et ce n'est qu'une question de temps ».

À ce train là, n'importe qui n'est-il pas en « rémission » de cette maladie incurable et latente, et n'est-il pas absurde d'attribuer ce mot aux seuls anciens cancéreux ? J'exige par conséquent qu'on leur rende sur-le-champ (moi compris) leur bonne santé lexicographique. L'éventualité d'une récidive est

déjà suffisamment pesante pour qu'on ne l'alourdisse pas davantage avec un tel vocable.

Dans mon cas, mériter une rémission, ou une guérison, ou quoi que ce fut d'autre que la mort, signifiait passer par le traitement.

Pour me changer de la monotonie de mon métro-boulot-dodo qui venait à peine de commencer, on eut donc la mansuétude de me plonger dans quelque chose de bien plus exotique : le chimio-couteau-radio. Moi aussi, j'aurais droit à ma trithérapie.

Amuse-bouche : une petite laryngoscopie afin que le chirurgien (français, cette fois) puisse mesurer l'étendue des dégâts, et marquer d'une encre indélébile les limites de la tumeur sur ma langue. À peine moins bœuf en France qu'en Suisse, tu n'échapperas pas à l'abattoir, mon petit. Puis pour commencer, quelques mois de chimiothérapie afin de faire rétrécir la tumeur. Ensuite, le plat de résistance bien sûr : on coupe. Et on termine par une bonne rasade de radiothérapie. Durée : six mois en tout. Un café l'addition.

— Vous serez sur pied à Noël prochain. Si tout se passe bien, naturellement.

D'habitude, on ne raconte pas ces choses-là : la maladie, les détails du traitement. Par respect pour le malade. Et si c'est le malade qui raconte lui-même ? Pas évident non plus : c'est plutôt le genre d'expérience que l'on s'empresse d'enfouir au plus profond de son inconscient. D'autant que si le traitement est trop léger, il n'y a rien de particulier à raconter (oh mon dieu, une piqûre). S'il est trop lourd, il ne reste souvent à la fin plus de malade pour raconter quoi que ce soit. Une chance que je sois tombé entre ces deux extrêmes.

Je *peux* donc raconter. Mais *dois*-je vraiment le faire ? Je ne l'aurais pas fait s'il m'avait semblé impossible d'extraire de cette expérience autre chose qu'une accumulation de détails morbides et sanglants : je me dirigerai donc dans la direction opposée et tenterai d'extraire de cette expérience ce qui m'a semblé digne d'intérêt.

J'avoue également avoir l'espoir un peu cynique qu'on lira ces pages comme on regarde un film d'épouvante en se cachant les yeux des deux mains, mais en ne pouvant s'empêcher d'écarter les doigts pour tout voir quand même.

Entrée

Le principe de la chimiothérapie consiste à empoisonner le malade. Plus précisément, on essaie d'anéantir le cancer grâce à une injection de produits chimiques (d'où le nom du traitement). Cependant, comme on n'a pas encore trouvé le produit qui agirait sur la tumeur et uniquement sur elle, les substances injectées ont un effet néfaste sur l'ensemble de l'organisme : définition-même d'un poison. Bien sûr, il faut trouver le juste milieu ; une dose de poison trop faible ne servirait à rien, et une dose trop forte tuerait le patient en même temps que le cancer, ce qui n'est pas le but recherché.

On injecte donc un cocktail de produits réputés tuer les cellules cancéreuses un peu plus souvent que les malades, et on joue sur les quantités et la fréquence d'injection. Dans les traitements en vogue en 2007, cela se traduisait par exemple en une grosse injection toutes les trois semaines et une petite injection supplémentaire chaque semaine, le tout complété par une quantité impressionnante de cachets, gélules et autres poudres, juste avant les repas.

— À manger, maintenant ? Après tout ce que j'ai déjà avalé comme pilules ? Mais je n'ai plus faim, moi !

Un traitement par des produits de synthèse et des rayons X, c'est un peu comme si la chimie et la physique, deux disciplines que j'ai beaucoup étudiées et un peu enseignées avant de me concentrer davantage sur les mathématiques, avaient trouvé là le moyen de me punir de les avoir délaissées. Je me suis depuis replongé dans des livres de physique théorique et dans quelques révisions de mes bases en chimie. On ne sait jamais.

Première séance de chimiothérapie. Le bâtiment, l'Hôpital Européen Georges Pompidou à Paris, est moderne et spa-
cieux. Le sol est en linoléum orange, les murs des couloirs
sont recouverts, sur soixante-dix centimètres depuis le sol,
d'un métal brossé pustuleux qui se termine en haut par une
fausse rampe en bois. On se croirait dans un sous-marin.

Je vais passer la nuit ici, car les produits de chimiothérapie
doivent m'être perfusés lentement depuis leurs « poches »,
ces enveloppes plastifiées et hermétiques directement reliées
à la perfusion. Une grande quantité d'eau pour hydrater, puis
successivement plusieurs poches de poisons assortis, dont une
qui se savoure au goutte-à-goutte pendant toute la nuit. Une
belle soirée de poches en perspective.

Je m'installe dans ma chambre. Un deuxième lit a été dé-
plié afin que Julie, qui a souhaité m'accompagner pour la nuit,
dorme à mes côtés. Ma chambre offre à travers sa baie vitrée
flambant neuve une vue qui, à défaut d'exposer un magnifique paysage urbain, a au moins le mérite d'être dégagée. Le
Pont du Garigliano, comme quartier sympa, on a fait mieux,
mais il serait sans doute déplacé de demander à la sécurité
sociale française un traitement efficace, gratuit, et avec vue
sur la Montagne Sainte-Geneviève s'il vous plaît Madame la
Ministre de la Santé.

Et un menu gastronomique ? Las, jambon blanc et pommes dauphines. Je me suis payé le luxe, après le début de la
perfusion, d'un gâteau basque acheté à la cafétéria, d'un air
de « Nauséeux, moi ? Même pas mal ! ».

Après une nuit paisible, l'inconfort est tout de même apparu le lendemain matin. Bien que les médicaments injectés en même temps que les poisons suppriment toute réelle nausée et ne laissent subsister qu'un vague malaise mêlé de fatigue et d'un léger vertige, j'ai mis plusieurs mois avant de cesser de suspecter toute portion de jambon blanc, de pommes dauphines ou de gâteau basque d'en vouloir à ma vie.

Le départ fut annoncé par la dernière goutte de la dernière poche : comme un écolier qu'on laisse jouer une fois ses devoirs finis, j'étais libre. Prochaine nuit sous-marine dans trois semaines, juste le temps de laisser mon organisme récupérer.

Pendant les jours qui suivirent, on aurait facilement pu me qualifier de zombie. Les amis qui venaient me rendre visite me trouvaient invariablement affalé sur le canapé, parlant d'une voix endormie, pas vraiment malade mais désespérément amorphe. À défaut de nausée, une grande fatigue m'enveloppait et, surtout, l'envie de ne rien faire. Moi qui suis en général atteint de bougeotte et possédé par l'envie de tout faire à la fois, ce que l'on m'avait injecté contenait un je-ne-sais-quoi qui réduisait toutes mes velléités à néant. Envie de rien.

J'ai d'abord cherché à lutter. J'imaginais des activités utiles ne nécessitant pas trop de temps, d'énergie ou de concentration. Je me mis par exemple à écouter des conférences sur divers sujets, ou des romans, comme cette version de *La vie devant soi* lue à haute voix. Je fus surpris par les passages, que j'avais oubliés, où Gary (via Momo) parle du cancer comme de la pire des maladies, celle dont personne ne revient. Mon père, qui travaillait à côté de moi, me confierait plus tard qu'il en avait été bouleversé.

Mais j'ai vite jeté l'éponge. Je pensais que cette posture passive siérait à mon organisme chimiothérapié ; c'était peine perdue : pas envie.

Je finis donc par me résoudre à me vautrer dans le *dolce farniente* le plus absolu et même, après un temps d'adaptation, à ne plus m'en sentir coupable. Mon côté paresseux put dormir tout son soûl pendant plusieurs semaines en totale impunité. Après tout, le mot « cancer » fait encore assez peur pour servir d'excuse indiscutable : je vous défie de trouver un individu sur Terre qui ne se morde pas la lèvre quand il vous entend répondre à sa requête un « Nan. Je peux pas j'ai un cancer. »

Le seul fait d'avoir survécu à un cancer dont on meurt les trois quart du temps vous donne une prestance du dernier chic pour toute votre vie et en fait finalement un investissement tout à fait rentable. Profitez-en, le taux de guérison ne cesse d'augmenter et la valeur du cancer à la bourse des maladies incurables est en chute libre.

C'est donc toutes fenêtres, volets et portes fermés que je me barricadais en attendant que cela passe, imitant par là un comportement de marin avec lequel mon tempérament urbain fut réduit à cohabiter. Je passais mes journées à dormir. Ma fenêtre donnant, au sixième étage, sur une large cour carrée d'un quartier calme et proche de la Seine, nombre de mouettes parisiennes profitaient de ces premiers jours de l'été pour tournoyer autour des immeubles en piaillant. C'est ainsi que je passai la plupart de ces journées à m'imaginer somnolant au bord d'une mer tranquille, délesté de tout sentiment de devoir ou d'anxiété. Des vacances, en somme.

Qu'on ne s'y trompe pas : la première semaine fut pénible. J'émergeai un peu la deuxième ; et, quasiment normal en troisième semaine, j'étais tout joyeux et mangeais comme quatre. Jusqu'à la prochaine injection. Rincer et répéter quatre fois en tout.

Tout cela aboutit à la situation burlesque où j'étais en pleine forme juste avant d'entrer à l'hôpital et complètement abattu à la sortie. L'inverse, *a priori*, de l'objectif habituel d'un hôpital.

On sait aujourd'hui traiter la plupart des petits effets secondaires des produits anti-cancer, assez pour les rendre supportables et quasiment anéantir la réelle souffrance physique. Les dits effets secondaires en sont alors relégués à l'état de curiosités agaçantes et, souvent, cocasses. Comme si le corps s'était transformé en animal de foire pour amuser les foules.

L'un de ces effets, bien qu'invisible de l'extérieur, est étrange surtout dans ce qu'il a d'ineffable : c'est la modification du goût des aliments. On m'a parfois posé la question, d'un ton intrigué, me demandant de décrire ce phénomène et de donner plus de détails sur ces saveurs curieuses. J'ai essayé, j'ai abandonné. Pour le savoir, faites une chimiothérapie.

La deuxième curiosité, elle, sautait aux yeux : après quelques semaines, j'avais des boutons d'acné partout. Mes boutons d'acné avaient eux-mêmes des boutons d'acné. Ils poussaient si près les uns des autres qu'il se rejoignaient en communautés. J'avais des boutons d'acné sur des endroits de mon corps dont j'ignorais jusqu'à l'existence.

Les percer tous nécessitait un travail à plein temps, si bien que je n'avais plus le loisir de m'ennuyer. Finies les vacances ! J'étais devenu une usine à pus. Si la Terre avait comporté, en proportion, autant de volcans en activité que de petites collines purulentes sur ma peau, l'humanité se serait éteinte depuis belle lurette. C'était comme si mon corps, contrarié (par les médicaments anti-nausée) de ne pas pouvoir vomir à longueur de journée, évacuait ses litres de déchets à travers ma peau.

Et puis il y eut les cheveux. Ou plutôt, petit à petit, l'absence de cheveux comme de toute forme de poils sur mon visage, et en particulier de sourcils. Cela me donnait un air d'hébétude permanente qui avait quelque chose de comique.

La perte de cheveux est souvent l'effet secondaire qui effraie le plus les patients. En bon intello, je n'en fus pas particulièrement alarmé et me contentais de m'étonner qu'on me dévisage plus qu'à l'accoutumée dans le métro parisien.

On m'a suggéré, pendant les séances de chimiothérapie, de revêtir une sorte de casque garni de glaçons qui pourrait, sinon éviter ce désagrément, du moins le retarder. Devant déjà, afin d'annuler d'autres effets secondaires, porter pendant l'injection de certains produits des gants et des souliers pareillement glacés et trouvant cela déjà suffisamment désagréable, je déclinai la proposition. Après tout à quoi bon, puisque cela n'était que temporaire ?

Dès les premières chutes, soucieux de ne pas laisser des kyrielles de poils sur mon passage, j'eus l'indélicatesse de demander à Julie de m'aider à me raser la tête. Je n'y voyais rien de méchant : bien des têtes furent rasées au vingtième siècle dans des conditions autrement plus tragiques. Mais cette petite corvée, qui pour moi allait de soi, fut extrêmement traumatisante pour elle. Un tel acte conserve une grande portée symbolique, quel qu'en soit le contexte.

Julie n'y parvenant pas, j'eus la nouvelle indélicatesse de demander la même faveur à mon père. Bien qu'il s'exécutât avec brio, je me rendis compte beaucoup plus tard que ceci revenait en somme, un an après avoir maintes fois vu son neveu, à la fin de sa vie, le crâne lisse comme celui d'un bébé, à lui demander de transformer son propre fils en Stéphane.

« Grâce à la recherche, un jour on pourra dire : "Ne vous inquiétez pas, c'est un cancer." » (affiche du type « donnez-nous des sous » aperçue en 2009 sur un abribus parisien).

Je serai dans cinquante ans un vestige, pour ne pas dire un grossier anachronisme. On aura trouvé un vaccin, ou une thérapie génique contre les cellules cancéreuses, à moins que la chimiothérapie n'ait fait suffisamment de progrès pour venir à bout de n'importe quelle tumeur en quelques jours. Ou tout cela à la fois. Et mes petits-enfants se demanderont pourquoi en 2007 ces barbares de médecins n'avaient pas trouvé mieux que de me couper la langue.

D'autres perspectives mènent néanmoins à des conclusions plus enjouées. Si j'avais par exemple été victime de la même maladie vingt ans plus tôt, ou au même moment mais dans un pays moins favorisé, j'en serais mort. J'ai le chic pour remarquer à quel point je suis verni.

On m'a proposé, pourtant, de faire un saut dans le futur. Un chef de service d'oncologie éclairé et sans doute un peu fou parlait d'une chimiothérapie « intensive » (qui met tellement le système immunitaire à plat qu'il faut faire une auto-greffe de moelle osseuse) afin de, peut-être, éviter la chirurgie. Bien que courant pour soigner la leucémie, ce traitement était encore expérimental pour mon type de cancer, et aurait pu me rendre stérile – à moins de congeler immédiatement des spermatozoïdes rendus temporairement K.O. par la chimiothérapie.

Fidèle à mes habitudes déjà bien ancrées de malade passif

qui subit en attendant que cela passe, j'ai été surpris qu'on me propose de faire ce choix. Variante intéressante du « un "tiens!" vaut mieux que deux "tu l'auras" » : préfères-tu un traitement avec séquelles lourdes qui marchera sans doute, ou un traitement sans séquelles qui marchera peut-être ? Un tiers de langue ou pas d'enfants ? Ce ne fut pas le dernier des choix cornéliens.

Paradoxalement, mon éducation foncièrement axée sur les choses de l'esprit fut à la fois l'une des causes du diagnostic tardif de cette maladie, car j'étais peu à l'écoute de mon corps, et un atout contre ce crabe intempestif : puisque tout ce qui comptait réellement pour moi se trouvait dans mon crâne et à la rigueur au bout de mes avant-bras, le reste du corps n'était au mieux qu'une ingénieuse machine. Cette machine avait un défaut, il fallait la réparer, voilà tout. La réparation pouvait être longue et douloureuse, mais les divers désagréments n'atteindraient pas les profondeurs de mon esprit.

Autre paradoxe : c'est ce traitement, contre lequel je pensais m'être armé d'un mépris salutaire, qui me dévoila le solide ancrage de mes rêveries dans l'arbitraire matériel de mon organisme. L'idée proprement scandaleuse que la mort de mon corps pouvait entraîner celle de mon esprit ne suffisait plus ; il fallut également qu'une simple substance chimique circulant dans mon sang sape profondément l'élan de ma pensée.

Comment ? Mes envies, mes projets, mes sentiments avaient des origines si odieusement somatiques ? Mon appétit pouvait être détruit par des réactions chimiques survenues dans je ne sais lequel de mes tuyaux internes ? Décidément j'avais tout faux. Lorsque j'aurais surmonté la suite du traitement, il me faudrait revoir ma conception du monde, à commencer par celle de mon propre fonctionnement.

Après quatre cycles de chimiothérapie, il était temps de passer à la phase suivante, c'est-à-dire le scalpel, puisque la proposition de « chimiothérapie intensive », bien que tentante, était trop expérimentale à mon goût.

Je fus donc convié à un rendez-vous préparatoire avec le chirurgien. Ces rendez-vous ponctuaient le traitement pour en suivre l'avancement et en expliquer les enjeux. Même si j'étais le seul à y être convié, j'étais invariablement accompagné de mes parents, souvent de Julie, parfois de mon grand frère. Nous étions clairement en surnombre par rapport aux deux chaises habituellement placées en face du médecin, l'observant l'air de dire « si tu nous donnes de mauvaises nouvelles, on te casse la gueule ». Je n'ai pas encore écarté l'idée que cette force de dissuasion ait eu une certaine influence sur le bon déroulement de mon traitement.

Ce jour-là, Julie l'interrogea :

— Pourriez-vous nous faire un petit dessin de l'étendue de la coupe afin que l'on s'en fasse une idée ?

Je lui fus reconnaissant d'avoir essayé. Le chirurgien refusa poliment : il faudrait faire un dessin en trois dimensions ; un simple croquis serait trop simplificateur. Sans doute une façon courtoise de dire :

— Il ne vaut mieux pas : vous tomberiez dans les pommes.

Je reconnus de nouveau, sans surprise, cette tradition médicale française d'infantilisation du patient. En l'occurrence, je crois que ce fut une bonne chose. Aujourd'hui encore, j'ai du mal à me représenter exactement la portion de viande dont j'ai été délesté. Une grosse fraction de ma langue, bon. Mais quelle serait exactement la configuration de ce morceau de bidoche fantôme par rapport au morceau restant ? En avant, à droite ? Courbée, rectiligne ? Plutôt en bas ou en haut ? Mon ignorance me plonge dans une douce insouciance : après tout ai-je tant besoin de le savoir ? Si l'on m'avait présenté un dessin détaillé, voire dévoilé, après l'opération, le mini-bifteck extrait de ma chair, je n'aurais plus pensé à autre chose.

Le chirurgien lâcha cependant ce qu'il pensait devoir faire l'effet d'une bombe :

— Il faudra tout de même retirer presque la moitié de la langue mobile.

Mon absence de réaction dut le surprendre. Non seulement son homologue suisse m'avait déjà mis au courant, mais après les deux tiers annoncés à Zurich, j'avais très clairement l'impression de faire une bonne affaire.

Peut-être aurais-je dû retourner en Suisse pour marchander davantage :

— Votre collègue français me propose cinquante pour cent. Pouvez-vous faire mieux ?

Vers la fin du mois de juillet 2007, on jugea bon de m'accorder quelques jours de répit avant l'opération, et je partis avec Julie, mon grand frère et sa compagne pour un long week-end en Normandie. Objectif : me reposer et être « en pleine forme » pour « le geste chirurgical ». Chaque fois que j'entends cette expression de « geste chirurgical » (mi-euphémisme, mi-métonymie), me vient à l'esprit l'image d'un cuisinier japonais qui, d'un mouvement dont la perfection acquise avec l'expérience a quelque chose de majestueux, tranche un morceau de saumon cru avant d'en recouvrir une boule de riz.

Mon crâne nu couvert d'une casquette noire, je profitai de cette petite pause normande pour faire une balade du côté du cimetière américain et sur les plages du débarquement ; une belle source d'inspiration pour ma toute petite guerre à moi.

De retour à Paris, j'étais prêt pour les sushis.

Plat de résistance

« C'est peut-être parce que je suis chirurgien, mais moi j'aime bien faire le ménage. » me confierait plus tard un dentiste qui approuvait l'approche du scalpel. Voilà une conception bien singulière des tâches ménagères : cette table est sale ? Qu'à cela ne tienne, brûlons-la entièrement et tout rentrera dans l'ordre.

Le 22 août 2007 serait le jour du grand nettoyage. À cause d'une sombre histoire de problèmes électriques, j'allais me faire charcuter, non à l'Hôpital Pompidou, mais à l'Hôpital Tenon, dans le 20e arrondissement de Paris. Tout près du Cimetière du Père-Lachaise : très pratique au cas où.

Le changement eut beau être forcé et imprévu, je n'en fus pas fâché. Les locaux étaient moins modernes, mais l'hôpital était situé au cœur d'un quartier vivant que je pourrais observer de ma fenêtre. Je ne regretterais pas le sous-marin.

C'est donc dans l'après-midi du 21 août que mes parents m'accompagnèrent dans ma chambre (Julie nous rejoindrait à la sortie de son travail), non sans que j'aie profité une dernière fois de ma langue entière en déjeunant copieusement avec eux dans un restaurant du quartier.

Les murs de la chambre étaient blancs, le sol en linoléum gris foncé. Deux larges fenêtres donnaient, au troisième étage, sur la rue. Une télévision trônait en face du lit – de quoi sortir un peu plus bête que j'entrais. Des draps jaunes et bleus garnissaient un lit sur roulettes dont la tête était bardée d'appareils et de tuyaux. J'essayai d'oublier qu'ils m'étaient

51

destinés et me retins d'imaginer de quelle façon ils allaient interagir avec mon corps.

Une opération de la langue me semble plus difficile à accepter conceptuellement que pour toute autre partie du corps, à l'exception peut-être du cerveau ou des yeux. Le pied, la jambe, le bras, un viscère quelconque ne me feraient ni chaud ni froid. Le cœur est lui aussi sensible, mais sans doute davantage à cause des risques chirurgicaux que de l'idée même qu'on puisse venir le triturer. Même d'autres parties du visage comme les oreilles ou le nez sont moins taboues. Ce n'est pas un hasard si « couper la langue » est un exemple de supplice que l'on entend souvent (« Parle ou je te coupe le pied ! » fait tout de suite moins d'effet). Et si c'est la langue que les amoureux aiment s'entrelacer, c'est qu'au-delà de ses fonctions motrices s'y cache un peu de l'intimité de l'âme.

Encore n'eus-je pas droit, comme certains malades du pied ou du bras, à l'angoisse préopératoire que le chirurgien se trompe de côté et ampute le membre sain. Dans mon cas il n'y avait guère de choix : tout droit.

Le réveil était prévu à six heures le lendemain matin. La nuit tomba, mes parents partirent les premiers. Je restai seul avec Julie et nous nous allongeâmes dans les bras l'un de l'autre pour ce qui avait l'arrière-goût amer d'un adieu.

La matin, tout alla très vite. Douche avec un produit spécial. Vêtement jetable bleu foncé. Trajet jusqu'à l'autre bout de l'hôpital, allongé dans mon lit à roulettes et poussé par deux infirmiers. Piqûre, masque respiratoire. C'était parti pour six heures.

Morphée est le dieu grec du sommeil et des songes. Porté par ses deux petites ailes, il se présente aux mortels sous des formes variées (d'où son nom) à travers leurs rêves. Le sommeil, les rêves, la légèreté : voilà un personnage qui ne peut susciter que de la sympathie.

La morphine, en revanche, fait peur. Lui tenant sans doute rigueur d'être apparue dans de sordides passages d'œuvres littéraires et cinématographiques, à moins que l'on ne soit obnubilé par sa première syllabe, on en oublie son étymologie. C'est d'autant plus regrettable que cette substance est une découverte de génie. La morphine permet à des gens comme moi de ne ressentir aucune douleur alors même qu'on leur a fait subir une opération d'une demi-journée dont la vue d'une seule minute mettrait K.O. un sumotori.

C'est peut-être ce qui m'a surpris plus que tout le reste pendant ce traitement : le peu de douleur, de pure souffrance physique, que j'ai dû subir.

La chimiothérapie fatigue, coupe toute forme d'envie, y compris celle de manger, mais elle est en essence totalement indolore.

On m'a ensuite tellement gavé de morphine à la suite de l'opération que toute larme de douleur fut éradiquée. Presque à en douter qu'il me manquait tout de même une moitié de langue.

La radiothérapie, dont je parlerai un peu plus tard, ne fit pas exception : zéro douleur.

Même la trachéotomie (bien que très pénible par ailleurs)

a été totalement indolore, y compris lorsqu'un médecin a entièrement retiré le tube de plastique d'une douzaine de centimètres qu'elle faisait glisser à travers un *trou dans mon cou* !

C'est curieux à dire, mais aujourd'hui quand on guérit un cancer, on sait le faire sans douleur.

La morphine n'a pas d'emprise, pourtant, sur la douleur morale. Le lecteur est par conséquent en droit de s'interroger : où sont donc passées la souffrance, l'angoisse, la peur de la mort ? Sans doute était-ce par instinct de survie, mais il ne restait dans mon esprit guère de place pour de tel sentiments. À quoi auraient-ils servi ? La « réparation » de ma mécanique interne n'en aurait été que plus délicate.

Le traitement était pour moi semblable à un train fantôme : je devais me borner à rester tranquillement assis à ma place et à supporter tout ce que l'on jugeait bon de m'infliger, mais sans jamais douter que les rails m'emmèneraient vers la sortie, où le wagon me recracherait sain et sauf sur un trottoir ensoleillé. D'ici-là, il me suffisait de jouer le jeu, car cela en était un, même si l'enjeu était ma propre vie, et de faire semblant d'être effrayé lorsqu'un médecin faisait semblant de vouloir me faire peur.

Admettre qu'il s'agissait d'un duel avec la mort, c'était déjà accepter la défaite comme une issue possible. Mieux valait-il avoir le culot et la naïveté de ne pas daigner relever le gant.

Le sommet de la pyramide des besoins humains d'Abraham Maslow fait l'objet de bien davantage de dissertations que sa base, qui est un peu vite frappée de trivialité. L'accomplissement personnel, le désir de s'affirmer en société, l'envie de se rendre utile, tout un programme. Mais les besoins les plus élémentaires présentent eux aussi de l'intérêt, en partie parce que certains sont souvent injustement négligés. Quels sont ces besoins primaires ? Boire et manger, évidemment. Et tous les jours si possible. Par corollaire, pouvoir faire ses besoins quelque part. Quoi d'autre ? Dormir, sans quoi tout animal meurt en quelques jours. Autre chose ? Y a-t-il un besoin encore plus primaire que l'alimentation et le repos ? Une sécurité plus fondamentale que celle de savoir que l'on ne mourra pas de soif demain ? Si l'on m'avait posé la question un an plus tôt, j'aurais répondu que non, *a priori* on avait touché le fond.

Grave erreur. Avant même de penser à ce que je mangerai ce soir, je dois me demander si je pourrai *respirer*, dans trente secondes. À quoi bon avoir les liens sociaux, les palaces, les costumes, les sources d'eau pure et tous les festins du monde si je suis mort étouffé avant la première bouchée ?

La trachéotomie confisque la sécurité de la respiration. Cette opération consiste à pratiquer un petit trou dans le bas du cou (perçant ainsi la trachée) dans lequel on place un tuyau en plastique (dit « canule »), afin d'éviter que le malade ne s'étouffe si les voies normales de respiration sont obstruées au niveau de la bouche ou du larynx (dans mon cas, à cause du gonflement de la langue provoqué par la section).

Les problème des canules, c'est qu'elles sont facilement obstruées par la salive ou d'autres sécrétions. La gorge n'a pas l'habitude d'être ainsi l'hôte de gros morceaux de plastique, et elle le fait savoir en produisant force substances plus ou moins visqueuses. Comme j'étais incapable d'éliminer moi-même ces substances, une infirmière devait s'en charger.

C'est ainsi que lorsque je commençais à entendre des gargouillis en respirant, qu'ils s'amplifiaient à une vitesse inquiétante – rendant la respiration de plus en plus laborieuse – et sachant qu'il pouvait s'écouler un intervalle de temps non négligeable entre l'appui sur le bouton d'appel et l'arrivée d'une infirmière avec son petit tuyau d'aspiration, je ne me sentais plus tout à fait en sécurité. Et ce petit manège recommençait toutes les demi-heures, nuit et jour, jour ouvrable ou non. Résultat : zéro sommeil pendant six jours et cinq nuits, jusqu'à l'ablation du tube de trachéotomie.

Posez un doigt sur l'une de vos deux clavicules. Puis faites-le glisser lentement vers le centre de votre corps, sans quitter l'os. Juste avant d'atteindre la ligne médiane de votre buste vous devriez sentir une petite bosse, puis tomber dans un léger cratère, limité en bas par le bord supérieur de votre cage thoracique, en haut par les cartilages du cou, et des deux côtés par vos clavicules. Cette petite dépression ne semble protégée par aucun os et faisait sans doute par le passé une cible de choix lors d'un combat à mort.

Imaginez maintenant que dans cette fine épaisseur de peau a été pratiqué un trou d'un centimètre et demi de diamètre, qu'un tube en plastique d'une douzaine de centimètres de long y a été introduit et incurvé vers le bas pour suivre le trajet de la trachée, et vous aurez une idée assez précise de la façon dont respire un individu trachéotomisé.

La majeure partie du tube se loge à l'intérieur du cou, mais une petite partie dépasse de la peau, formant une protubérance cylindrique en plastique blanc, longue d'environ deux centimètres. Un peu comme un robinet d'air très accessible, avec lequel je me suis beaucoup amusé. Hop, je le bouche à moitié et ma respiration fait davantage de bruit. Je tousse un petit coup en gardant mon pouce près du tube et je sens l'air chaud passer. Hop, je bouche complètement et je ne peux plus respirer, même en inspirant très fort : je sens la peau de mon doigt aspirée vers l'intérieur, j'aspire, j'aspire, je suffoque... Bon, hop, je débouche, 'faut pas déconner tout de même. Plus tard, lorsque ma langue se fut suffisamment dégonflée pour pouvoir respirer à la fois par la bouche et par le cou, j'observai que ma voix était plus aiguë si je bouchais le tuyau, et redevenait légèrement plus grave lorsque je le débouchais. La sensation n'était pas si éloignée du jeu d'un instrument à vent : la trachéotomie m'avait transformé en flûte géante.

Lorsqu'on me jugea prêt à respirer exclusivement par la bouche, le tuyau en plastique fut retiré (et je pus enfin dormir à nouveau). Cela laissa un trou béant en bas de mon cou, que l'on cacha avec un petit pansement, amovible (comme un petit couvercle, collé à la peau uniquement par son bord supérieur) pour pouvoir effectuer tous les jours ce que les infirmières appelaient un « soin d'orifice » (l'application de produits antiseptiques et cicatrisants), expression qui me parut absurdement pornographique.

Je fus ainsi doté d'une deuxième bouche, qui respirait quand je respirais, toussait quand je toussais, et que j'étais censé boucher avec l'index si je souhaitais parler – ce que j'oubliais systématiquement, faisant virevolter sans arrêt le petit pansement protecteur. Je m'amusais à évacuer un certain nombre de sécrétions par cette seconde bouche, simplement en soufflant la bouche fermée : autrement dit, je me mouchais par le cou. Même dans une chambre d'hôpital, je crois que le côté comique de la situation ne m'échappait pas totalement.

C'était l'une de ces nuits où l'insécurité respiratoire m'interdisait toute forme de sommeil. Vers trois heures du matin, las des positions allongée et assise et de mes essais infructueux pour glaner quelques minutes de repos, je me levai pour ouvrir la fenêtre de ma chambre, respirer un bol d'air frais et capter un peu d'activité nocturne.

Ma chambre donnait sur l'avenue Gambetta. Julie, qui m'avait accompagné pour chacune de mes nuits à l'hôpital, dormait paisiblement sur un lit pliable. Au bout de quelques minutes, elle se réveilla, s'aperçut que j'avais quitté mon lit, et me rejoignit près de la fenêtre.

C'est là, j'ignore pour quelle raison, que je décidai de me remettre à parler.

J'avais depuis l'opération très vite appris à me faire comprendre à l'aide de signes de la main et de petites notes griffonnées sur des morceaux de papier. Je n'avais eu aucune envie de déranger ma langue tout juste tranchée, mon cou tout juste refermé et emmitouflé dans son bandage circulaire, ni ma trachéotomie récemment percée, de crainte de gâcher le beau travail du chirurgien. La peinture était encore fraîche. Je m'étais donc contenté de respirer, muet. Jusqu'à cette nuit-là.

Julie, debout à côté de moi et humant elle aussi la fraîcheur nocturne et estivale, allait avoir la surprise dont les parents ont d'ordinaire l'exclusivité : celle du premier mot

J'aurais pu dire « Julie » par gratitude envers son soutien indéfectible ; ou bien plagier le premier mot de tant de nouveau-nés, « maman » ; ou bien encore choisir la pédanterie

59

et articuler : « transcendantal ».

Au lieu de cela, je marmonnai banalement : « Salut ».

Je m'arrêtai là, aussitôt décontenancé par l'extrême laideur de mon timbre, plus grave qu'auparavant puisque le trou cervical demeurait débouché, et pareil à celui d'un vieil ogre bafouillant sa première parole à peine intelligible. Cela n'empêcha pas Julie de me décocher un large sourire, heureuse d'avoir entendu le premier mot de son conjoint ce qui, il faut le reconnaître, n'arrive pas souvent, sauf peut-être dans *L'École des femmes*.

La nuit qui suivit l'ablation du tube de trachéotomie, je ne retrouvai pas immédiatement un sommeil normal : je connus quelques jours d'une phase « dauphin ». Les dauphins ne dorment jamais totalement : un seul hémisphère de leur cerveau peut s'endormir à la fois. La raison en est simple : pour eux la respiration est un mouvement conscient et non automatique ; ils sont donc contraints de se contenter d'un demi-sommeil pour pouvoir continuer de respirer. Il est d'ailleurs fréquent que les dauphins dorment avec littéralement un œil ouvert.

Dans ma quête désespérée d'un sommeil réparateur après cinq insoutenables nuits blanches, je gardais mes deux paupières bien closes. Mais la trachéotomie avait laissé des traces : la respiration sereine avait été hors de ma portée pendant plusieurs jours et ne se laisserait pas reprendre si facilement.

À ces troubles s'ajoutait le problème de la salive que je ne savais pas encore avaler normalement, ma trachée étant encore sens dessus dessous. Le jour, il y avait ce que le personnel médical appelle un « aspi-bouche », un instrument placé à droite de mon lit, que l'on trouve également chez les dentistes, et qui permet d'aspirer la salive via un petit tuyau en plastique, tout en produisant en continu un horripilant bruit de succion.

La nuit, pas question d'imaginer m'endormir dans ce tintamarre. Ni de dormir allongé sur le dos, car ma salive se dirigerait alors naturellement vers ce champ de bataille qu'était l'intérieur de mon cou, sans autre échappatoire. J'en fus donc réduit à passer mes nuits assis, avec quantité de mouchoirs entre mes lèvres, le front posé sur le rebord d'une table pour que ma salive se dirige directement vers les mouchoirs, et glanant ici et là quelques minutes d'un demi-sommeil de dauphin, avant de devoir changer de position, ou remplacer les mouchoirs trempés.

Avec ma pauvre langue estropiée, pas question de manger ni de boire quoi que ce fut en passant par la bouche. Ce qui voulut dire : sonde nasale descendant jusque dans l'estomac, par laquelle passaient l'eau, la nourriture, les médicaments.

« Nourriture » est un bien grand mot : les deux millimètres de diamètre du tuyau auraient difficilement permis le passage d'une part de charlotte aux framboises. J'ingurgitais donc chaque jour trois « poches » (encore elles !) d'un liquide brun qui m'aurait certainement paru infâme si j'avais pu en découvrir le goût – ce qui par bonheur n'arriva pas, puisqu'il n'atteignit jamais mon palais.

J'avais déjà une petite idée de la distance qui sépare l'alimentation de survie – des préparations rudimentaires à base de maïs, de blé, ou de diverses tubercules – et les mets raffinés davantage destinés aux plaisir des papilles qu'à la simple satiété de l'estomac. Mon séjour à l'hôpital m'apprit à quel point j'avais sous-estimé cette distance.

La mixture brun clair était à la fois beaucoup moins rudimentaire et infiniment moins appétissante qu'une galette à la farine de manioc. Elle était le résultat d'années de recherche et de perfectionnement, hautement sophistiquée et fournie dans les proportions idéales, elle contenait tous les protides, glucides, lipides et autres « ides » dont mon corps avait besoin. Oubliez les steaks juteux, crèmes brûlées craquantes, légumes cuits à point, desserts onctueux, tout ce qu'il vous faut est dans ce liquide marron. Le reste est superflu, une cerise sur le gâteau. Du luxe. Donnez-m'en une tonne et je peux vivre des mois. L'aliment parfait, l'ambroisie. Qui eût cru que l'ambroisie puisse être si dégueulasse ?

La déchéance de ce mot divin venait compléter celle, organisée par notre société moderne, du mot « nectar », l'un des plus beaux substantifs de notre langue qui n'est plus aujourd'hui, sur les emballages hermétiques, que synonyme d'ersatz de jus de fruits.

Naïf, j'avais toujours cru que l'estomac se situait au niveau des pectoraux, pas très loin du cœur, afin que les aliments n'aient pas besoin de voyager beaucoup depuis l'œsophage, avant de commencer un plus long voyage dans le système digestif. La routine de la seringue péteuse me détrompa.

Ce petit test vise à vérifier, avant d'administrer un médicament par la sonde nasale, que l'extrémité du tuyau est toujours là où on le croit. Il serait fâcheux d'aller injecter de l'aspirine dans les poumons.

On place donc un stéthoscope au niveau de l'estomac, on branche l'extrémité extérieure du tuyau sur une seringue vide et on injecte un peu d'air d'un petit coup sec. Pfft. Si le son parvient aux écouteurs, c'est que le tuyau aboutit bien au bon endroit. Or je fus surpris de voir l'infirmière placer le stéthoscope non au niveau de ma poitrine, mais juste au-dessus de mon nombril. Je glanai donc là une autre découverte sur les distances : tout aliment parcourt en deux ou trois secondes, depuis la bouche, plus de la moitié de la distance à sa destination finale (à vol d'oiseau, si je puis dire), tandis qu'il lui faut plusieurs heures pour parcourir le reste.

La routine de la seringue péteuse était en général suivie de l'administration d'un médicament, dissous dans de l'eau. Sentir une substance froide passer par mon nez et ma gorge pour atterrir dans mon estomac sans que je n'aie rien avalé ni rien demandé à personne avait quelque chose d'irréel. D'habitude une gorgée d'eau, même glacée, a le temps d'être réchauffée dans la bouche avant d'être avalée. Je faisais l'expérience concrète, physique, que le corps humain, aussi perfectionné soit-il, se résume en somme à un grand et complexe réseau de tubes de différents diamètres. Et je pouvais assez précisément ment ressentir le parcours de l'un d'entre eux simplement en repérant la sensation de froid qui le parcourait.

Mon corps n'a pas tellement apprécié qu'on le gave. Passe encore que le liquide brun eût fait fuir le dernier des végétariens aveugles, puisque ma bouche lui échappait. Mais que cette mixture soit balancée dans mon estomac par la simple autorité de la pesanteur, sans même avoir été avalée, c'en était trop. Le verbe « ingurgiter » était devenu pronominal : on m'ingurgitait trois poches d'un quart de litre chaque jour. Et même en réglant au minimum la vitesse de passage du liquide grâce à une petite molette située sur le tuyau, cela ne ratait jamais : mon cœur se mettait à battre la chamade et je commençais à transpirer. C'était la seule façon pour mon corps d'exprimer son désaccord. Vomir ? Heureusement, cela ne se produisit jamais : peut-être mon estomac avait-il de lui-même compris que ma bouche était un passage strictement interdit, dans un sens comme dans l'autre.

On mit alors en place un petit système de pompe automatique qui délivrait une minuscule quantité de liquide toutes les cinq secondes, non sans émettre à chaque fois quelques petits bruits mécaniques. Les quantités étaient si faibles qu'à un instant donné mon estomac n'aurait pas eu grand-chose à vomir, l'eût-il voulu. On nourrissait mon corps à son insu.

Mon estomac ne protesta plus mais je fus ainsi relié à une perche sur roulettes, à laquelle étaient attachées la mixture et la pompe (avec quelques heures d'autonomie loin d'une prise électrique). Et comme le transfert du liquide brun depuis sa poche vers mon estomac s'effectuait à une vitesse ridicule, cela prenait des heures, au point que je ne quittais quasiment jamais ma perche.

De la sorte, je faisais comme tout le monde trois repas par jour, mais chacun durait cinq heures. Je mangeais sans arrêt. Je mangeais en lisant, je mangeais en marchant, traînant avec moi ma perche roulante ; je mangeais en parlant (sans avoir la bouche pleine), je mangeais même parfois en dormant.

Le royaume du virtuel étant le seul moyen direct de reprendre progressivement contact avec le monde extérieur sans quitter l'hôpital, je traînais quotidiennement ma perche jusqu'à la bibliothèque et son unique ordinateur connecté à internet, claudiquant devant elle non sans faire avec mes roulettes un boucan à réveiller la morgue. C'est ainsi que je réussis enfin l'exploit qui m'eût été interdit en toute autre circonstance, et qui m'avait été refusé pendant toute la durée de mes études : manger dans une bibliothèque.

C'est au milieu de cet océan de liquide marron que mon grand frère, qui me rendait quotidiennement visite, m'offrit une bande dessinée japonaise au concept original. L'auteur y racontait les péripéties gastronomiques d'un gourmet tokyoïte qui sillonnait sa ville à la recherche de saveurs nouvelles. Pas de rebondissements, d'histoire d'amour ou d'intrigue policière, mais à chaque chapitre un nouveau restaurant ou une rue gourmande de Tokyo, et des dessins d'une minutie toute japonaise et d'une précision quasi-photographique, représentant les différents plats et curiosités culinaires.

Au premier abord, ce cadeau me surprit : voulait-il donc me torturer avec ces dessins de pitance, moi qui était bien incapable d'avaler ne serait-ce qu'un grain de riz, moi qui ne mangeais plus que par le nez depuis déjà suffisamment longtemps pour que l'usage d'une fourchette (ou de baguettes) me paraisse saugrenu ? Cependant, après quelques minutes, je trouvai l'idée excellente.

Le premier réflexe vis-à-vis d'un malade ou d'un handicapé (convalescent ou permanent) est de lui cacher coûte que coûte tout ce qui pourrait lui rappeler son état. Un ami s'est cassé les deux jambes et se déplace en fauteuil roulant ? Ne lui montrez surtout pas vos photos de vacances au ski, cela lui serait insupportable. Un aveugle ? Ne lui parlez jamais de peinture, de cinéma ou de bande dessinée, il vous haïrait pour le restant de ses jours.

C'est absurde. Quel est le risque ? Lui rappeler qu'il est aveugle, au cas où il l'aurait oublié ?

En feuilletant les deux centaines de pages de ce manga culinaire, je me suis surpris à passer de longues minutes à inspecter dans leurs moindres détails la subtile luisance des grains de riz vinaigrés, la peau fripée du yuba (peau de soja servant de papillote), la texture tourmentée de l'omelette d'un oyakodon. Le dessinateur japonais sublimait ces substances grâce à son trait et aux descriptions gourmandes de son personnage qui me faisaient haïr mille fois ma pitance brunâtre. Je me plongeais littéralement dans chacun des plats, j'étudiais chaque détail. Je cherchais à éclairer ce que je ratais de la lumière la plus crue, la plus brutale qui soit. J'aurais volontiers suivi le promeneur imaginaire dans toutes ces petites gargotes pour humer le parfum des plats auxquels je ne pouvais pas goûter, pousser la torture si loin qu'elle en devienne jubilatoire. Je voulais m'infliger un gavage au figuré, baver devant ce qui m'était interdit pour faire de ces quelques semaines de jeûne le long préliminaire d'une torride nuit d'amour.

Je me nourrissais de ces dessins, comme si mon alimentation purement fonctionnelle, que la mixture brune satisfaisait déjà pleinement, rencontrait enfin sa dimension complémentaire, culinaire et spirituelle, grâce à ces images en noir et blanc. Je me trouvais rassasié, mais en deux étapes : la première étanchait les besoins du corps, l'autre assouvissait ceux de l'âme.

Un étrange parallèle se dessinait entre cette consommation fantasmée et un rituel asiatique destiné aux ancêtres défunts. On y cuisine des mets délicieux que l'on présente élégamment dans de la vaisselle raffinée, puis on n'y touche plus afin que les esprits s'en « nourrissent », qu'ils puisent l'essence pure, la partie la plus noble et immatérielle des plats. Lorsqu'ils ont terminé, les vivants consomment ce qu'il reste d'abjectement tangible pour satisfaire leur faim terrestre.

Lorsque Julie dînait près de moi, et juste avant qu'elle commence à manger, je devenais l'un de ces fantômes . incapable de goûter à la chair des aliments, j'en absorbais l'âme.

Bien que cette situation n'ait pas duré plus de deux ou trois semaines, je commençais déjà à sentir comment, fus-je resté ainsi pendant des années, ma perception visuelle aurait pris le pas sur mes sensations gustatives inutilisées.

Ceux qui ont subi l'amputation d'un membre racontent qu'ils ont presque immédiatement commencé à recevoir de nouveau des sensations venant de leur membre fantôme lorsqu'une autre partie de leur corps était stimulée. Une femme amputée du bras droit, par exemple, peut ressentir quand on lui caresse la joue une sensation qui semble provenir de son bras manquant. On peut expliquer ce phénomène de la façon suivante : la zone cérébrale correspondant au membre amputé n'étant plus directement stimulée, la zone voisine (qui se trouve être celle de la joue) devient d'humeur conquérante et prend possession du terrain inoccupé, de sorte que l'individu croit que la stimulation vient du membre disparu.

C'est exactement ce qui s'amorçait avec mon régime basé sur une alimentation nasale : mon sens du goût n'étant plus mis à contribution, la vue prenait le dessus. La contemplation d'une nourriture appétissante se substituait à la dégustation elle-même.

La reprise d'une alimentation normale allait bien finir par annuler cette réorganisation programmée ; cependant, dans l'hypothèse où le sens du goût ne me serait pas revenu, je crois que ce type de palliatif aurait constitué un remplaçant acceptable. Cela me conduit à croire qu'un aveugle prendrait plaisir à écouter des descriptions détaillées de toutes les merveilles visuelles qui lui échappent. À la maison de disques qui n'aurait pas peur de réduire drastiquement sa cible potentielle, je proposerais bien le projet d'un tour du monde des bruits et ambiances sonores à l'usage des aveugles. Le clapotis de l'eau s'engouffrant sous le Pont des soupirs ; le fourmillement des pas sur le bitume du carrefour de Shibuya ; le bruissement des feuilles dans le Generalife ; les crissements subtils des moulins à prières du monastère de Labrang ; le vrombissement métallique du métro de New York ; l'appel du muezzin à Fès ; le faible grincement des planches du Pont des Arts sous les pieds d'un promeneur... Une table des matières prometteuse !

Lorsque l'autorisation me fut accordée de laisser à nouveau passer des aliments par ma bouche, je ne me fis pas prier. Enfin libre ! Non seulement la sonde naso-gastrique fut retirée, mais mes pieds furent également délivrés de leur perche-boulet, après trois semaines de captivité. C'était le début de l'après-midi. J'enfilai ma veste, prétextant une promenade et un peu de lecture dans le jardin de l'hôpital, puis je sortis dans la rue. C'était bien sûr totalement défendu, mais l'interdiction était tellement évidente qu'elle ne m'avait jamais été formulée de façon explicite ; aussi n'enfreignais-je aucune règle formelle.

Cette bouffée de vie quotidienne, banale, avait pour moi la saveur d'une expédition au bout du monde. La rue. Les immeubles. Les gens. Les voitures. La vraie vie ! Pour pimenter encore l'aventure, je me surpris à traverser au feu rouge. Héroïque ! Allais-je finir sous une camionnette ? La bataille contre l'une des maladies les plus graves de notre époque, et qui était déjà en passe d'être gagnée, allait-elle ainsi être écourtée par cette épopée au travers d'une chaussée à deux voies ?

Je me dirigeai vers le supermarché le plus proche. « Ils » me donnaient la permission de manger ? « Ils » allaient voir. Après cette traversée du désert j'allais avaler la Méditerranée ; m'abandonner à trois jours de débauche sexuelle après une interminable abstinence ; m'empiffrer d'un festin pantagruélique après un jeûne prolongé. Tous mes besoins primaires étaient émoustillés. J'avais été « nourri » ; mais je n'avais en réalité rien mangé depuis trois semaines. Ce dualisme corps-esprit que je m'entêtais à rejeter comme archaïque grâce à Spinoza, Jung ou les neurosciences modernes, s'imposait ainsi de nouveau à moi non par de nobles lectures platoniciennes et cartésiennes mais par la voie des viscères.

Je n'étais pas encore vraiment en mesure de mastiquer : ma langue allait devoir refaire un peu d'exercice avant d'accepter à nouveau des côtelettes d'agneau, du chocolat en tablette, ou même une baguette de pain. On ne me laissait explorer qu'une infime partie de l'infini des possibles culinaires ? J'allais en profiter avec toute la démesure qui m'était malgré tout autorisée. J'allais m'offrir une orgie de yaourts.

Passées les portes du supermarché, tout ce qui ressemblait de près ou de loin à une mousse, une crème, une compote ou un jus, atterrit dans mon panier. S'il avait existé un palais de la crème dessert, je l'auras acheté tout entier d'un magistral coup de carte bancaire.

De retour à l'hôpital, je me glissai dans ma chambre, en passant discrètement devant les infirmières, sans commenter la façon dont un peu de lecture dans le jardin avait bien pu charger mes deux bras de sacs à provisions pleins à craquer de visqueuses victuailles.

Mère Nature inventa l'eau, les laboratoires pharmaceutiques inventèrent l'eau gélifiée, une substance semblable à l'eau dans ce qu'elle apporte à l'organisme d'un point de vue chimique, mais sous la forme d'une gelée.

L'idée est la suivante : les malades récemment opérés d'un organe dans la région de la bouche ou du larynx et alimentés par le nez ne récupèrent pas immédiatement le réflexe de la déglutition. L'eau est alors la substance la plus difficile à avaler car elle n'est pas facilement localisable dans la bouche, par le toucher ou le goût. Ainsi, pour éviter que les malades ne s'étouffent en « avalant » de copieuses gorgées d'eau vers leurs poumons, on leur propose de « manger » de l'eau.

Excellente idée. Mais il y a une faille : les concepteurs de l'eau gélifiée ont cru bon d'y ajouter des arômes, peut-être pour rendre l'expérience plus agréable. Sans ambages : c'est raté. Les parfums qu'ils ont choisis font de cet aliment la chose la plus immonde que j'aie jamais mangée, moi qui raffole d'habitude des bonbons et boissons au goût artificiel. Peut-être est-ce une ruse pour que les malades récupèrent plus rapidement.

Si c'est le cas, cela fonctionna parfaitement dans mon cas : après deux ou trois bouchées d'eau gélifiée, ma décision fut prise. Mieux valait mourir étouffé en buvant de l'eau, de la vraie. Je pris donc mon courage à deux mains en empoignant une bouteille d'eau minérale et, peu de temps après avoir retrouvé le plaisir primaire de respirer normalement, je retrouvai cette satisfaction éphémère et indescriptible de boire

75

goulûment l'eau fraîche qu'une source nous offre, et dont la volupté nous échappe à peine ce besoin assouvi.

Les jours qui suivirent la restauration de mes droits de bouche, l'équipe médicale veillait, au moyen d'une pesée quotidienne, à ce que je mange avec suffisamment d'appétit pour ne pas perdre de poids, avec mon régime de yaourts, de purée et de viandes hachées. J'eus même droit à de la bouillie de canard et me surpris à la trouver très savoureuse. On continua bien sûr de prendre ma tension et ma température, mais ma courbe de poids semblait constituer le principal indicateur de mon bien-être. Je me fis la réflexion que cette règle qui veut que « le bonheur est proportionnel au poids » s'est vérifiée depuis l'antiquité jusqu'à l'apparition relativement récente de la malbouffe et de la boulimie dépressive.

À l'issue d'un peu plus de trois semaines d'hospitalisation et au vu d'une courbe de poids stable, un médecin me proposa :
— Voulez-vous sortir demain ?
Demain... Avant même d'avoir aperçu un rayon de soleil j'étais déjà sorti du tunnel.

Dessert

Mon chirurgien m'avait averti pendant les deux premières phases du traitement :

— Vous verrez, la radiothérapie dans cette région-là du corps, c'est le pire.

D'autres avaient simplement dit « C'est comme un gros coup de soleil ». L'hiver approchait, un peu de chaleur serait la bienvenue.

Le traitement devant dans mon cas affecter les glandes salivaires, je savais que je risquais de perdre à jamais ma capacité à produire de la salive. Après avoir été incapable de dormir, inondé par ma propre bave, cette promesse de sécheresse éternelle ne manquait pas de sel.

Je me dirigeai donc, le lundi 1er octobre 2007, vers mon sous-marin bien aimé, l'Hôpital Georges Pompidou, pour ma première séance de radiothérapie. On m'orienta vers le sous-sol, et après m'être séparé de mes habits d'hiver pour me préparer au coup de soleil, je pénétrai dans un grand local très moderne au centre duquel trônait un appareil impressionnant.

Imaginez-vous face à un robinet à angle droit comme celui de votre cuisine, en beaucoup plus grand. Le bec du robinet, qui vient vers vous, est long d'environ deux mètres et son diamètre est d'un peu moins d'un mètre. Le bras vertical qui le supporte est à la même échelle. Imaginez également que, contrairement à un robinet qui peut pivoter autour d'un axe vertical de sorte que, placé face à lui, vous voyez son bec se déplacer horizontalement, ce robinet géant-là tourne, lui, autour d'un axe horizontal passant par son pied et se dirigeant droit vers vous. Vous le voyez donc dodeliner de la tête de deux côtés et, s'il pivotait par exemple de quatre-vingt-dix degrés vers la gauche, il aurait l'air de vouloir cracher son eau à haute pression vers la droite. Imaginez enfin qu'une planche horizontale recouverte d'un matelas sommaire – visiblement conçue pour accueillir une personne en position allongée – soit placée sous ce robinet géant, les pieds vers vous et la tête vers le fond, de façon à ce que tout ce que crache le robinet, quel que soit l'angle autour de son axe, atteigne directement l'individu allongé, et vous aurez une idée assez précise de ce que j'avais devant moi ce lundi matin.

Je m'allongeai, on ajusta un masque (préalablement moulé pour correspondre à ma morphologie) sur mon visage et le haut de mon torse et on fixa solidement ce masque à la tablette horizontale – je resterais ainsi précisément dans la position adaptée. La machine virevolta autour de moi en faisant de grands bruits pendant deux ou trois minutes, puis j'eus la surprise de voir le masque soulevé à nouveau et de m'entendre dire que c'était terminé.

— Déjà ?

— Mais oui monsieur, vous pouvez y aller.

Comment ça y aller ? Et mon coup de soleil ? Je n'avais ressenti aucune douleur, aucune sensation de fatigue, de brûlure ou de chaleur. Pas même une petite chatouille. J'étais bien loin d'en avoir eu pour l'argent que la sécurité sociale avait dépensé à ma place.

Cette scène se répéta (moins l'effet de surprise) tous les matins du lundi au vendredi pendant un peu plus d'un mois. La machine ne m'infligea pas davantage de douleur ou de chatouilles les fois suivantes. J'aurais tout à fait pu m'endormir si les séances avaient duré quelques minutes de plus. Et on m'avait fait tout un fromage de ces quelques instants de repos ?

Je l'avoue, j'ai triché. Là ou il est assez clair que la médecine française cherche à en dire le moins possible sur les actes médicaux et leurs conséquences, j'ai toujours trouvé le moyen de me renseigner davantage, volontairement ou non.

Pour la glossectomie (mot savant pour « tranchage de langue ») ce fut le chirurgien zurichois. Pour la radiothérapie, il y eut Isabelle.

Isabelle était une connaissance indirecte qui était elle aussi passée par la case radiothérapie buccale suite a un cancer des amygdales, guéri depuis trois ans. Sur les conseils de mon grand frère, qui confirmait là, après l'épisode du manga culinaire, sa méthodologie consistant à combattre le feu par le feu, j'allai la rencontrer dans son appartement du quartier des Arts et Métiers à Paris.

Quiconque se dit pessimiste afin d'être toujours agréablement surpris aurait beaucoup apprécié cette étape de mon parcours initiatique. Isabelle, qui avait une dizaine d'années de plus que moi, donnait un bel exemple de dynamisme, de force de caractère et de joie de vivre malgré son expérience de la maladie. Le récit qu'elle me fit des effets de sa radiothérapie aurait fait pâlir Tim Burton lui-même.

Pendant son traitement, elle s'anesthésiait la bouche avant de pouvoir avaler quoi que ce soit. Les séances de radiothérapie la fatiguaient au point qu'elle tenait à peine debout. Il était impensable pour elle, à cause de la fragilité des muqueuses de sa bouche, de consommer des produits qui semblent aussi banals que du blanc d'œuf (trop épais), des produits laitiers ou du lait (trop acide), des pommes de terre (petites particules qui s'accrochent aux muqueuses), la moindre trace de sel, ou de sucre (quel supplice cela serait pour moi!), ou encore la plupart des fruits (trop acides), et cela même plusieurs années après la fin du traitement. Son champ des possibles culinaires se réduisait à des plats aussi peu appétissants que du caillé de brebis, ou des fonds d'artichauts réduits en bouillie. Il était bien délicat pour les amis d'Isabelle de l'inviter à dîner, de peur qu'elle ne puisse rien avaler de ce qu'ils lui serviraient.

Les médecins qui l'avaient suivie le disaient eux-mêmes : elle était de ceux qui, dans leur expérience, avaient le plus mal réagi à ce traitement. Cette conversation, bien qu'un peu inquiétante, eut donc le grand mérite de me dévoiler la profondeur maximale du précipice : il était à peu près impossible que je connaisse pire.

« La bourse ou la vie ? » « La salive ou l'oreille ? »

Si l'on vous demandait de choisir entre anéantir votre capacité à saliver, à vie, ou abîmer l'une de vos oreilles de sorte que vous entendiez un petit sifflement très aigu à toute heure du jour et de la nuit (« acouphène »), jusqu'à la fin de vos jours, que choisiriez-vous ?

Le traitement par radiothérapie consiste à brûler les cellules cancéreuses en leur envoyant de copieuses rasades de rayons X. Seulement, tout comme leurs consœurs chimiques, ces petites choses ne savent pas faire la différence entre les cellules tumorales et les autres : les rayons brûlent tout sur leur passage. Problème, donc : pour atteindre une zone comme la langue (dans la bouche, mais aussi en haut de la gorge) avec des rayons, il faut bien passer par quelque part.

Si l'on avait choisi, par exemple, de canarder ma langue exclusivement à travers ma joue droite, on n'aurait pas été bien avancé : ma langue aurait bien été traitée, mais mes deux joues auraient été totalement brûlées puisque les rayons X transpercent tous les tissus. Une langue guérie, deux joues grillées, la balle au centre. Cela pourrait d'ailleurs donner lieu à de bien intéressants dilemmes : « Monsieur, nous pouvons vous guérir, mais il va falloir sacrifier une partie de votre tête. Que choisissez-vous : le nez, les joues, les yeux, les oreilles ou le cerveau ? Je vous laisse réfléchir et je reviens dans dix minutes. Choisissez bien, ce n'est pas réversible. »

Il y a, heureusement, une parade partielle : faire tourner

la source des rayons X autour de la zone à traiter (ce qui explique le robinet tournant), afin d'assurer un taux d'irradiation maximum sur la tumeur tout en répartissant les effets secondaires sur plusieurs zones voisines, en espérant que chacune d'entre elles ne sera pas trop touchée.

Toute est dans ce « pas trop » : il faut tout de même choisir avec soin les zones par lesquelles on passe ; et en favoriser certaines par rapport à d'autres. D'où la question : sacrifieriez-vous plutôt vos glandes salivaires ou l'une de vos oreilles ?

Il serait inopportun de sous-estimer le pouvoir de la bave. Sans elle, pas question de parler plus d'une minute sans prendre une gorgée d'eau, d'aller au cinéma sans en emporter un litre et demi, ni de manger sans boire une gorgée après chaque bouchée. On n'imagine pas les milliers de petits instants de la vie quotidienne où l'on a besoin de sa salive (ou d'ailleurs d'une langue entière).

Je n'ai heureusement jamais eu besoin de faire ce choix, mon radiothérapeute l'a fait pour moi : on préserve la salive autant que possible, en particulier à gauche. L'acouphène dans mon oreille droite est aujourd'hui suffisamment aigu pour ne pas déranger mon audition au quotidien ; et puis on s'y habitue. Mais désormais, chaque fois que je donne une conférence, que je vais au cinéma les mains dans les poches ou que je mange un biscuit, ma glande salivaire gauche remercie mon oreille droite de s'être un peu sacrifiée pour elle.

— Il n'est pas du tout dit que cela s'empire, me confierait plus tard mon chirurgien à propos de l'acouphène.

Cette phrase m'apparut sur-le-champ comme une forme particulièrement sournoise de litote : si cela s'empirerait peut-être, c'est à coup sûr que cela ne s'améliorerait pas. Au contraire du « déjà des métastases », voici une expression qui pourrait bien être enseignée en école de médecine.

La radiothérapie coupe totalement l'appétit et fait maigrir si vite qu'à ceux et celles qui cherchent un régime efficace, je recommande chaudement un petit cancer, s'ils sont prêts à accepter quelques effets secondaires.

L'alimentation par sonde naso-gastrique m'avait enseigné la différence entre la faim et l'envie de manger. Les « rayons » (qui désignent ce traitement selon la synecdoque courante dans les milieux médicaux) accentuèrent encore cette séparation corps-esprit dans le besoin de nourriture. Mon esprit n'aurait pas dit non à une grosse pièce de bœuf bien saignante ou à un énorme buffet de desserts, mais mon corps s'opposait catégoriquement à toute forme de nourriture. Pas question ; niet. Rien ne rentrera. Pas à cause d'une quelconque douleur dans la bouche ou la gorge, qui s'avéra très ténue chez moi et qui aurait d'ailleurs été vite oubliée avec un léger analgésique. Le refus se situait à un niveau difficile à décrire tant le besoin de nourriture est ancré dans nos gènes. J'étais en proie à une sorte d'anorexie à l'envers : c'est mon corps qui s'opposait à toute nourriture et non mon esprit qui, lui, ne demandait qu'à se goinfrer.

Mon obsession, avaient dit les médecins, devait être de ne surtout pas perdre de poids. Dans ma situation, maigrir trop rapidement voulait dire perdre en masse musculaire, donc cicatriser et guérir moins vite, et arriver de plus en plus affaibli aux séances de rayons quotidiennes et aux petites séances de chimiothérapie « de rappel » hebdomadaires qui les accompagnaient.

Mon corps était si peu enclin à autoriser le passage du moindre petit morceau d'aliment que lorsque par miracle il tolérait l'ingestion d'une bouchée, il fallait à tout prix qu'elle soit bourrée à craquer de calories, gavée de graisses, chargée de sucres et de protéines, afin de ne *surtout pas maigrir*. Une devise dont l'ironie était exacerbée lorsque, marchant dans la rue, j'apercevais les affiches proposant à la gent féminine de « perdre 5 kilos en 2 semaines » ou de « maigrir sans souffrir ».

C'est ainsi qu'un beau matin de novembre, au moment précis où des milliers de jeunes damoiseaux et demoiselles montaient sur leur balance et pâlissaient devant les quatre cents grammes gagnés la semaine passée, j'effectuai moi aussi ma pesée hebdomadaire à l'hôpital.

— C'est magnifique ! Vous avez *gagné* un kilo ! Bravo !

Comme à un bébé qui a fini son assiette, on me fit un triomphe. C'est bien, monsieur, continuez ! Mention excellent ! Bouffez ! Empiffrez-vous ! Engraissez tant que vous le pouvez !

J'ignore par quel processus surnaturel cela avait pu arriver, à moins que je n'aie simplement oublié d'enlever mes chaussures en montant sur la balance.

Mon père, m'ayant préparé des côtelettes d'agneau un soir et voyant qu'elles semblaient mystérieusement me tenter et atterrir dans mon estomac en dépit de tous les obstacles, m'en prépara dès lors chaque soir (sans un gramme de sel ni de poivre, auxquels ma bouche était devenue trop sensible). Cette viande possède une puissance mystérieuse qui semble faire fi des barrières imposées par la radiothérapie à tout le reste. C'est en grande partie grâce à elle que ma perte en masse musculaire a pu rester raisonnable. Quel chic de pouvoir clamer avec un petit sourire en coin : « les côtelettes d'agneau m'ont sauvé la vie ! ».

Je me pris à imaginer un monde meilleur, un monde pouvu d'un marché global des kilos en trop, où les riches Occidentales seraient ravies de payer pour se délester du demi-kilo de graisse qui empêcherait un nouveau-né burkinabé de mourir de faim. Payer très cher pour perdre des kilos de cette façon : voilà que seraient résolus tous à la fois les problèmes de la pauvreté, de la sous-nutrition et de l'obésité.

Un café, l'addition

Au moment de payer l'addition, quelles sont les séquelles ? Un acouphène, une légère perte d'audition et quelques craquements dans l'oreille droite.

Est-ce qu'avoir une demi-langue est réellement handicapant ? Ma diction n'est pas parfaite, mais mon léger chuintement – qui tend à s'amenuiser – affecte bien des individus dès leur naissance, et ils s'en accommodent très bien. Lorsque je parle une langue étrangère, ce défaut passe pour la trace d'un accent français plein de charme.

Pour manger et mastiquer, disons que je boîte un peu de la langue : mes mouvements sont légèrement moins réguliers et gracieux, parfois moins rapides, mais j'arrive toujours à bon port. Et puis mon sens des saveurs est intact, que demander de plus ?

Une énorme cicatrice (conséquence de l'ablation des ganglions) orne mon cou, d'une oreille à l'autre. Sa forme est si curieuse qu'on se demanderait presque si le chirurgien n'avait pas un verre dans le nez. Le scalpel a ses raisons que la raison ignore. D'autres s'empresseraient sans doute de cacher cette marque disgracieuse, mais je n'en ai cure : je ne vois aucune raison d'avoir honte de cette preuve extérieure d'une petite guerre que j'ai gagnée.

Un effet secondaire positif se cache même parmi cet ensemble de séquelles : pour une raison que j'ignore, mon rhume des foins, qui m'empoisonnait la vie chaque année pendant de longues semaines, a presque disparu.

On me demande souvent comment la maladie a été découverte, ce qui cache à mon sens une question à la fois plus égoïste et plus naturelle : « comment puis-je faire pour que cela ne m'arrive jamais, à moi ? ». J'aurais bien de la peine à généraliser ; pour la région buccale le seul conseil que je puisse donner, c'est de commencer à vous inquiéter si vous remarquez une plaie dans votre bouche qui ne guérit pas au bout de deux ou trois semaines.

Mais l'addition doit également s'effectuer, comme de coutume, sur le plan financier. La France, son peuple ronchon, sa lenteur administrative et ses grèves fréquentes ont beau avoir mauvaise réputation, il faut bien avouer que son système de santé est l'un des meilleurs du monde. Je suis bien placé pour le savoir : entre les produits de chimiothérapie (hors de prix), tous les médecins et infirmières aux petits soins pour moi, les appareils d'imagerie magnétique, d'émission de positrons ou de radiothérapie (dont les prix se comptent en millions d'euros et dont quelques minutes d'utilisation sont par conséquent précieuses), ou les honoraires d'un chirurgien qui a fait un travail exceptionnel, je n'ose même pas imaginer le coût total de ce traitement exécuté avec brio. Le fait est qu'aux États-Unis j'aurais dû vendre ma maison (hélas je n'en ai pas), et qu'en France je n'ai pas payé un centime.

De retour au travail en Suisse, je dus lutter sur deux fronts à la fois pour ne pas devenir analphabète ou idiot trop rapidement : à l'oral, à cause de ma langue ; à l'écrit, à cause des claviers américains.

Ma langue s'assouplissait rapidement et je m'habituais au fil des jours à ma nouvelle morphologie buccale, si bien que mes défauts de prononciation s'estompaient petit à petit. Mais il demeurait toujours des mots récalcitrants qui me demandaient davantage d'efforts à prononcer. Avec un peu de pratique, je fus capable de prévoir quels mots étaient « méchants » pour ma langue avant même de les prononcer et, par pure paresse plus encore que pour masquer mon élocution imparfaite, je me mettais naturellement à éviter ces mots-là et à en employer d'autres, qui épousaient moins exactement les formes de ma pensée, mais étaient dépourvus de phonèmes périlleux. C'était la première fois, dans ma courte vie, que j'usais de mots de substitution, non par inculture, mais par simple paresse physique. Nouvelle intrusion du matériel dans l'immatériel : le langage, entité abstraite par excellence, se voyait affecté par la maladresse de mes muscles linguaux.

Cette situation se transposait d'une façon curieuse à l'écrit (bien que sans rapport avec la maladie) face aux claviers américains, dépourvus de lettres accentuées. La saisie d'un paragraphe en français, destiné à un ami, sur mon ordinateur professionnel (ce pour quoi on pourra facilement m'accuser d'abus de bien social) était rendue malaisée par les combinaisons de plusieurs touches nécessaires pour les lettres accentuées. Là encore par pure paresse physique, je me mettais à éviter les mots accentués pour leur préférer leurs confrères plus plats. On me répondra qu'en la circonstance, mes destinataires m'auraient pardonné l'absence d'accents ; hélas je suis absolument incapable d'un tel sacrilège.

Parler et écrire avec ces contraintes, fussent-elles minimes, auto-infligées et uniquement dictées par la paresse, rabougrit le vocabulaire et donc l'esprit. C'est dangereux (à moins, bien entendu, de s'appeler Georges Perec). La pauvreté du vocabulaire de l'ingénieur moyen dans une entreprise multinationale n'arrange pas les choses.

La lutte sur le front de l'écrit se gagne facilement en prenant soin de ne saisir du français que sur des claviers français. L'oral est un peu plus délicat : il faut me forcer à ne pas boycotter les mots méchants. Facile à dire. Aujourd'hui encore, je lutte tous les jours pour ralentir l'inexorable rabougrissement de mon cerveau.

J'ai passé beaucoup d'étapes de la vie un peu trop tôt. Angoisse de la mort à 9 ans. Premier salaire (au titre de mes études) à 20 ans. Marié à 23. Cancéreux à 26. J'aurais sans doute pu, ou dû, mourir à 28 ans, « après un long combat avec la maladie », comme on l'entend si souvent. Mais me revoici avec la chance d'être en vie, la chance de ne pas être Stéphane. Aussi en forme que n'importe quel tout-juste-trentenaire, avec *a priori* au moins une quarantaine d'années devant moi. Quarante ans de bonus ! Que vais-je bien pouvoir en faire ?

Et Julie d'enfoncer le clou :

— Tu as déjà visité plein de pays, tu as connu plein de choses. Tu peux mourir tranquillement !

Allons bon, me voilà donc vieux avant l'heure.

— Et toi, que feras-tu ? Je te manquerai ?

— Je meurs avec toi... Ah, non ! Pas encore. Pas avant d'avoir vu New York. Après, je pourrai mourir. Sinon je mourrai les yeux ouverts ; c'est une expression chinoise pour dire que quelqu'un meurt sans que son esprit n'ait atteint la tranquillité, il n'est pas prêt. Toi, tu mourras les yeux fermés.

Las ! Au contraire, je mourrais les yeux béants si je devais disparaître aujourd'hui, ne comprenant rien à rien, face à l'immensité du savoir et de sa fâcheuse tendance, à mesure que vous progressez croyant apprendre – sur ses chemins sinueux et passionnants, à vous faire prendre conscience que vous êtes encore plus ignorant que vous ne le pensiez. Je crois que même à quatre-vingt-dix ans je mourrai les yeux écarquillés par la soif d'en apprendre davantage. D'ici-là je me contente d'espérer m'endormir chaque soir un peu moins bête que la veille.

Quarante années, ce n'est pas bien long, en fin de compte, mais il n'en est pas moins difficile de décider vers quelle direction je veux (et peux) les orienter.

Dans ma recherche d'une réponse, j'ai parfois trouvé des modèles mais aussi, à l'inverse, des anti-idoles. C'est en février 2009 que j'ai déniché la quintessence du repoussoir.

Lors d'un séjour à Shanghai, Julie et moi avions rendez-vous pour dîner avec un couple de très riches quinquagénaires, de lointaines connaissances. Arrivés dans leur appartement, où nous devions les retrouver avant d'aller au restaurant, haut perchés dans un immeuble moderne d'un quartier chic, nous n'avions pas encore eu le temps de nous remettre de tout le luxe, le marbre et la dorure de l'immeuble et de l'ascenseur que déjà ils nous sortaient le grand jeu. On avait rarement vu exposé aussi cru et ostentatoire de sa propre richesse matérielle.

Tour de la chambre de leur fille, tissus et murs roses bardés de photos d'elle-même (poses mannequin) plus grandes que nature.

Tour de la cuisine où tous les tiroirs et placards furent ouverts l'un après l'autre pour que nous admirions leurs ustensiles et vaisselles du dernier chic, qui au demeurant ne semblaient guère avoir servi et trahissait leurs séjours sans doute quotidiens dans les restaurants (non moins chics) du quartier.

Récit de leur dernier voyage dans les tropiques, photos à l'appui, et détails sur le nombre et le prix des homards qu'ils y avaient engloutis à chaque repas.

Détour par leurs baies vitrées : je fus surpris qu'un autre immeuble n'ait pas été construit pour cacher à la vue de ces nouveaux riches toutes les petites maisons crasseuses sans chauffage ni eau courante que l'on apercevait au loin depuis leur fenêtre triple vitrage.

Visite de toutes les pièces du vaste appartement, chacune plus pimpante que la précédente, et dans lesquelles je m'amusai à compter le nombre de total de livres : deux en tout et pour tout (cela se passait avant l'essor du livre électronique) dans le bureau de leur fille. Un dictionnaire chinois-anglais et un autre anglais-chinois. Leur laissant le bénéfice du doute, j'imaginais que leur fréquentations des bibliothèques publiques devait compenser ce manque apparent. Hélas quelques heures de discussion autour d'un dîner succulent (je ne peux pas raisonnablement nier leur goût de la bonne chère) me convainquirent du contraire et me laissèrent pantois devant cette question : comment peut-on avoir dépensé autant d'argent pour son confort matériel et si misérablement investi dans sa propre éducation ? Cela reste pour moi un mystère. Malgré le matérialisme caractérisé des générations de Chinois post-Mao (qui se comprend aisément chez les familles modestes, car elles ont connu la faim), ce pseudo-illetrisme de luxe me plonge, non dans le mépris car c'est manifestement un choix de vie assumé et parfaitement réussi au regard de ses propres critères, mais dans une profonde incompréhension.

Trois ans plus tard, leur fille nous invita à dîner, Julie et moi, pour que nous rencontrions le garçon qu'elle venait d'épouser. Celui-ci nous parla toute la soirée du montant des commissions qu'il touchait sur des transactions qui ne me semblaient pas très nettes. Cet individu avait un pouvoir extraordinaire : il suffisait à n'importe qui de l'écouter parler quelques minutes pour devenir un peu plus malhonnête.

S'il avait pu épouser l'argent lui-même, il aurait été le plus heureux des maris – et heureusement pour lui, c'était presque ce qu'il avait fait.

Malgré mon incompréhension profonde, une chose est certaine : même si je ne sais pas encore exactement où je veux aller sur le globe des possibilités de toute une vie, je connais ce qui se trouve à ses exacts antipodes. Et puis cela me rassure de penser que l'absence patente d'intérêt de cette famille pour la littérature les gardera à tout jamais loin de ce chapitre-ci.

On me demande si la maladie m'a transformé. Parfois je me dis : pas assez. J'aurais pourtant bien dû prendre conscience que ma vie est courte, qu'il faut que je me concentre sur les choses vraiment essentielles, vivre chaque jour comme le dernier, ou autres rengaines des ouvreurs de chakras. Malheureusement, cela n'a pas fonctionné comme cela. Passé le choc de la maladie, on perd à nouveau de vue, progressivement, l'ultime date d'expiration, et puis on finit par l'oublier et par vivre comme avant.

La réflexion sur la mort de Stéphane a eu sur moi, je crois, davantage d'effet. Après l'annonce de sa maladie, je l'ai d'abord revu deux ou trois fois dans des conditions « normales » : il s'accrochait à la vie, passait son baccalauréat, entamait des études de droit, voulait croire en une suite. Quelques mois plus tard, il ne sortait plus guère de son hôpital, qui se trouvait être à deux pas du laboratoire où j'avais débuté un doctorat. Cette proximité me mettait mal à l'aise, sans doute parce que je sentais, je savais qu'il ne s'en sortirait pas. Paradoxalement, je crois que j'aurais été le voir plus souvent s'il avait été sur le chemin de la guérison. Peut-être avais-je déjà ressenti la présence de la mort et cherchais-je à la fuir.

Lors d'une de mes visites à l'hôpital, Henri, le père de Stéphane avait apporté quelques plats venus de l'un de ces traiteurs asiatiques que l'on voit partout à Paris (et qui, soit dit en passant, ont le toupet de faire passer leurs plats pour de la cuisine chinoise). Stéphane insista pour partager équitablement entre lui et son père, tandis qu'Henri cherchait à ce que son fils déjà bien maigre mange le plus possible. La volonté d'Henri de nourrir cette silhouette squelettique se voyait confrontée au désir manifeste de Stéphane de demeurer comme les autres, de recevoir une part juste, sans un traitement de faveur perverti par l'idée de sa maladie. Je sentais Stéphane au bord des larmes : rien ne changerait sa situation, pas même une répartition rigoureusement équitable du repas.

J'ai souvent entendu qu'il fallait un peu de malheur pour être réellement capable, par contraste, d'apprécier les moments heureux. Mais qu'advient-il si c'est le contraire qui se produit ? Si au lieu de se réveiller après un cauchemar et d'être soulagé de retrouver le calme de sa chambre à coucher, on sort tous les matins d'un joli rêve en prenant conscience que non, la maladie n'est pas partie, et que demain matin sera pire, jusqu'à ce qu'il n'y ait plus de demain matin ?

« Demain matin » : synonyme de « jamais » à Auschwitz. Si je fais abstraction de la Shoah, sans doute le passage le plus effroyable de l'Histoire de l'humanité, Stéphane est devenu ma référence du malheur absolu. Pour certains, ce sont les enfants des pays pauvres qui souffrent de la famine, à qui l'on fait allusion de temps à autres, quand cela nous arrange. Pour moi, c'est Stéphane. Son nom, à lui seul, m'aide à relativiser tout ce qui a pu, peut et pourra m'arriver. Je crois qu'il existe peu de choses dans nos pays que l'on qualifie de développés qui, comparées au drame de Stéphane, ne mériteraient un haussement d'épaules et un « ce n'est pas bien grave » ; y compris ma propre maladie, même si elle porte le même nom générique que la sienne.

Pour ma part, en ai-je vraiment réchappé ? Si vous êtes curieux, vous pouvez toujours jeter un œil de temps à autres à la rubrique « Disparitions » de votre quotidien favori...

Un peu moins de cinq ans après l'annonce de mon cancer, lors d'une de mes visites à l'hôpital pour le suivi médical d'usage, l'hôtesse d'accueil qui consultait mon dossier sur son écran marqua une pause et sembla surprise.

— Vous n'êtes plus à cent pour cent ?

La sécurité sociale française affecte d'office tous les malades d'un cancer à une catégorie administrative où ils sont remboursés intégralement de tous leurs soins. Un malade en rémission demeure dans cette catégorie, et seuls deux événements peuvent entraîner sa radiation : soit il a succombé à la maladie, soit...

— Cela signifie que vous êtes guéri, monsieur.

Je m'étais trompé : l'état de rémission admet une fin. Je vis en cette gentille demoiselle, derrière son bureau, comme une incarnation de Saint-Pierre qui avait, pour cette fois, décidé de m'envoyer au paradis. Puis je me dis que la rubrique « Disparitions » risquait, tout compte fait, de m'attendre encore un peu.

Du même auteur :

En français

À la découverte du chinois (2006)
99 conseils pour réussir en prépa scientifique (2006)
Passer à Firefox (2005)

En anglais

Goomics : Google's corporate culture revealed through
internal comics, Vol. 1 (2018)

À paraître

Graphic Nobel : Nobel prizes in physics explained with
cartoons (est. 2019)
The Seven Deadly Sins of Tinder (est. 2019)

www.ingramcontent.com/pod-product-compliance
Lightning Source LLC
Chambersburg PA
CBHW020510030426
42337CB00011B/312